KB251409

문화예술저작권 분쟁사례 33

문화예술저작권 분쟁의 숲에 가다

문화예술저작권 분쟁사례 33
문화예술저작권 분쟁의 숲에 가다

지은이 조상규

초판 1쇄 인쇄 2014년 9월 15일 **초판 1쇄 발행** 2014년 9월 18일
기획 강성숙 **편집** 정채영 **경영지원** 정은숙 **디자인** 고논 **일러스트** 투니애니

펴낸이 송은숙 **출판 등록** 제2013-000009호
펴낸곳 도서출판 겨리 **주소** 403-821 인천광역시 부평구 시장로 12번길 21 302호
전화 070-8627-0672 **팩스** 0505-273-0672
이메일·원고투고 gyeori@gyeori.com **홈페이지** www.gyeori.com
블로그 blog.naver.com/gyeori_books **페이스북** www.facebook.com/Gyeoribooks

Copyright ⓒ 조상규, 2014
※ 이 책은 저작권법에 의해 보호받는 저작물이므로 무단 전재와 무단 복제를 금합니다.
　 이 책 내용의 전부 또는 일부를 이용하려면 반드시 저작권자와 도서출판 겨리의 서면동의를 받아야 합니다.
※ 이상이 있는 책은 구입하신 서점에서 바꾸어 드립니다.

ISBN 978-89-957983-6-2 13360
※ 이 도서의 국립중앙도서관 출판시도서목록(CIP)은 서지정보유통지원시스템 홈페이지
(http://www.seoji.nl.go.kr)와 국가자료공동목록시스템(http://www.nl.go.kr/kolisnet)에서 이용하실 수 있습니다.
(CIP제어번호 : CIP2014025129)

· 책값은 뒷표지에 있습니다.

겨리는 아이와 어른, 나와 우리, 이성과 감성, 몸과 마음, 사람과 자연이 함께하는 책을 만듭니다.
겨리는 두 마리 소가 끄는 쟁기라는 뜻의 우리말입니다.

문화예술 저작권 분쟁의 숲에 가다

조상규 지음

겨리

콘텐츠분쟁조정위원회의 콘텐츠공정거래 법률자문위원과 여러 콘텐츠 관련 사업의 심사위원으로 활동하는 한편 문화예술인들을 대상으로 한 저작권 특강을 통해 많은 문화예술인들을 만난다. 이들을 통해 문화예술저작권과 관련된 생생한 현장의 목소리를 들을 수 있었고, 저작권 관련 자문 요청이 많아지면서 특히 예술분야의 저작권 분쟁의 변화를 느꼈다. 또한 '솔섬' 사건과 같은 예술장르의 사진저작권 소송을 여러 차례 진행하는 동안 문화예술분야의 저작권법 상식과 사례를 알기 쉽게 소개하는 책이 필요하다는 생각으로 이어졌다.

이 책에서는 문화예술저작권 분야의 쟁점들이 녹아 있는 최신 판례들을 알기 쉽게 풀어서 설명하는 데 집중했다. 구성에서 특징적인 부분은 첫째, 저작물의 종류에 따른 주요 대표 판례를 정하고 저작권법이 열거한 어문, 음악, 연극, 미술, 건축, 사진, 영상, 도형, 컴퓨터 프로그램의 9가지 종류로 구분하고 기타로 연예인 퍼블리시티권, 초상권, 편집저작물을 추가하였다.

둘째, 아무래도 딱딱하고 어렵게 느껴지는 법률상식의 한계를 극복하기 위해 판례를 쉽게 풀어쓰고 부연설명을 넣었다. 판례 내용에서 어려운 표현들은 쉬운 표현으로 바꾸었고, 부차적인 쟁점은 아예 삭제해 집중도를 높이고자 했다.

셋째, 주요판례를 소개하기에 앞서 질문을 먼저 던짐으로써 질의응답식의 내용이 이루어지도록 했고, 글 중간중간의 제목만 읽어도 쉽게 내용을 이해할 수 있도록 했다. 또한 저작권 상식에서는 어려운 저작권법 개념에 대해서는 따로 설명했으며, 관련 판결을 통해 깊이 있는 쟁점 비교가 되도록 했다.

저작권법을 글로 풀어내는 데는 강연을 통해 술술 이야기하는 것보다 많은 노력이 필요했다. 쉽게 쓰려고 애썼지만 더 편하게 읽고 싶다면 필요한 부분부터 먼저 읽는 방법을 권한다. 처음부터 쭉 읽는 것이 어렵다면 흥미로운 분쟁사례가 담긴 2장 부분을 먼저 읽고 생소한 저작권법 용어나 저작권 침해에 대한 대응 같은 부분은 1장과 3장에서 찾아가며 융통성 있게 읽으면 좋겠다.

마지막으로 부모님께 사랑한다는 말씀과 함께 매일 새벽 자식을 위해 기도하시는 어머니께 부끄럽지 않은 아들이 되겠노라 약속드린다. 나의 부족한 강의를 듣고 선뜻 책을 내자고 한 도서출판 겨리와 강성숙 기획위원님께는 감사의 말을 전한다. 또한 일일이 이름을 쓰지 못하더라도 이 책이 나오기까지 도움과 관심을 보내 주신 많은 분들께 감사할 따름이다. 아무쪼록 문화예술분야 실무자와 저작권법 초심자들에게 쉽고 재미있는 안내서가 되기를 기대한다.

조상규

음악저작물

3장 · **문화예술저작권 침해** 이렇게 대응하라

1 장

문화예술저작권 알아야 산다

01 저작권,
몰라도 너무 모른다

그야말로 최근의 저작권 분쟁은
지뢰밭과 같다 해도 과언이 아니다.
하지만 저작권에 무지한 경우가 많다.
자신의 창작물을 지키기 위해
이제는 저작권에 대한 지식으로
무장해야 하는 시대가 왔다.

나날이 첨예해지는 저작권 분쟁, 끝은 어디인가

우리나라의 저작권법 위반 고소 사건은 2008년, 2009년 각 9만여 건에 달할 정도로, 저작권 고소 왕국이 되고 말았다. 합의금을 노린 위협적인 고소에 대부분 겁을 먹고 법정에 가서 판단을 받아 볼 생각조차 하지 못하고 합의금을 주고 마는 사건들도 급증하고 있다. 조심조심 살피지 않으면 저작권 장사를 하기 위해 무더기 소송을 진행하는 이들로부터 언제 어디서 내용증명, 소장이 날아들지 모른다. 이러한 현상이 심각한 사회문제가 되면서 저작권법 위반으로 인한 형사처벌의 범위를 축소하자는 취지의 법 개정이 필요하다는 목소리도 크다.

최근에는 워너브라더스와 20세기 폭스사와 같은 미국 방송사 여섯 곳이 국내 법무법인을 선임해 미국드라마 자막을 제작, 2차적 저작물작성권을 침해했다는 이유로 인터넷 카페 네 곳에서 자막을 유포한 ID 15개를 고소했다. 번역자막을 만들어 올렸을 뿐인데 2차적 저작물작성권 침해가 될 줄 상상도 못했겠지만 이것이 저작권 분쟁의 현실이다.

또한 문화예술저작권에 대해 눈을 뜨기 시작한 작가들이 표절에 의한 자신의 저작권 침해가 조금이라도 의심스러운 경우 이에 대해 적극적으로 법적 대응을 하기에 이르렀다. 얼마 전 사진저작권과 관련하여 국내에 큰 이슈를 몰고 온 사건으로 '솔섬' 사진에 관한 표절 분쟁도 이런 경우이다. '솔섬' 사진 분쟁은 이 책에도 소개했는데, 유사작을 이용한 대기업의 상업광고에 대해 사진작가가 소송을 제기한 사건이다.

저작권을 모르면 공든 탑이 무너진다

블로그 디자인 업체를 운영하던 J는 저작권을 제대로 알지 못해 여러 차례에 걸친 고소와 손해배상소송을 당했다. 결국 번 돈보다 많은 돈을 잃고 업체를 폐

업하고 말았다.

J가 겪은 소송의 내용을 살펴보면 악기 모양의 이미지 사진을 이용해서 학원 블로그에 이용했는데 이 사진이 문제가 됐다. 막연히 악기 모양의 단순한 이미지 사진이니 아무런 문제가 없을 것이라 생각하고 사용했지만 이미지 판매 전문 업체가 저작권을 가지고 있는 사진이란 것을 몰랐다.

헤어숍 블로그에 연예인의 헤어스타일을 비교사진으로 올린 것도 문제였다. 헤어샵의 포트폴리오를 구성한다는 생각에 헤어에만 집중한 나머지 진짜 문제가 되는 얼굴을 간과한 것이다. 연예인은 얼굴이 돈이라는 의미의 퍼블리시티권을 침해한 것이다.

이뿐만이 아니라 인터넷에서 서체를 다운받아 블로그에 사용하였는데 처음에는 무료였지만 사용기간에 제한이 있었던 것을 몰라 계속 사용한 것 또한 문제가 되었다.

더 이상 표절 논쟁에서 자유로울 순 없다!

중국에 치맥열풍을 몰고 왔던 TV드라마 '별에서 온 그대', 싸이의 '강남스타일', 해외영화 '아바타'까지 유명 작품들 치고 표절 홍역을 경험해 보지 않은 작품이 없을 정도이다. 그뿐인가 고위 공직자들의 인사청문회에서까지 학위논문 표절 이야기가 빠지지 않는다.

소나무를 주제로 한 작품을 많이 찍어온 한 사진작가의 경우, 법정까지는 가지 못하고 내용증명을 통해 상대방 기업과 합의로 분쟁을 마무리하는 방식을 선택하였지만 이제는 유사작이나 모작에 대해 법정에서 판단을 받는 트랜드의 전환이 이루어지고 있는 분기점에 서 있다고 할 것이다.

문화예술의 가장 첨예한 논의의 지점인 '표절'이 더욱 중요한 쟁점이 되는 또 다른 이유는 최근 문화예술콘텐츠의 특성이 인터넷을 통한 디지털화를 기반으로 하고 있기 때문에 상업적 사용목적의 불법복제, 개작 및 전송이 손쉽게 빠른 속도로 이루어지고 이에 따른 침해가 심각한 수준에 이르렀기 때문이다.

창작의 고통만큼 중요한 문화예술콘텐츠 저작권 사수

이제 많은 노력과 투자를 통한 문화예술콘텐츠의 창출 못지않게 문화예술콘텐츠의 저작권을 보호하고 관리하는 것도 매우 중요한 과제가 되었다. 공든 탑이 한 번에 무너질 수 있기 때문이다.

그에 따라 선진국들은 저작권 보호를 강화하는 방향으로 제도를 정비하고 법원의 판결 또한 이루어지고 있다. 우리나라도 이에 따르고 있으나 일정한 범위 내에서 저작물의 공공적 성격에 근거하여 자유이용에 관한 요구 또한 강하게 대두되고 있다.

국가 문화콘텐츠산업의 관점에서 더 살펴본다면 문화예술이 콘텐츠산업으로 연계되어 하나의 산업군으로 형성되고 있는 지금 창작자들은 자신의 저작권을 잘 알고 지킬 수 있어야 하고, 이용자들은 정당한 대가를 지불하고 공정하게 이용해야 한다.

저작권을 알아야 문화예술콘텐츠의 진정한 강자

2013년 세계 브랜드가치 순위에서 10위권 내에 우리나라 기업이 당당하게 2위에 이름을 올렸다. 10위권에는 모두 구글, 애플, 코카콜라와 같은 미국 회사들뿐이고 국적이 미국이 아닌 회사로는 삼성그룹이 유일했다. 이는 삼성전자 스마트폰의 위력으로, 삼성그룹의 브랜드가치는 60조에 달했다. 스마트폰은 제조업 같지만 라이프스타일을 바꾸고 문화콘텐츠를 이식시키는 전진기지의 역할을 하기 때문에 스마트폰의 승자가 최고의 브랜드가치를 누리고 있다. 스마트폰과 함께 SNS어플이나 게임 등의 콘텐츠를 통해 우리나라의 정체된 산업을 성장시켜 콘텐츠산업 강국으로 도약할 수 있는 기회가 열린 것이다.

　기존 '문화산업'과 '문화콘텐츠산업'은 어떤 차이가 있을까. '문화산업'은 문화산업진흥기본법 제2조 제1호에 의하면 문화상품의 기획·개발·제작·생산·유통·소비 등과 이에 관련된 서비스를 하는 산업으로 영화·비디오물 관련 산업, 음악·게임 관련 산업, 출판·인쇄·정기간행물 관련 산업, 방송영상물 관련 산업, 문화재관련 산업, 만화·캐릭터·애니메이션·에듀테인먼트·모바일 문화콘텐츠·디자인(산업디자인은 제외한다.)·광고·공연·미술품·공예품 관련 산업, 디지털 문화콘텐츠, 사용자제작문화콘텐츠 및 멀티미디어문화콘텐츠의 수집·가공·개발·제작·생산·저장·검색·유통 등 관련 서비스를 하는 산업, 기타 전통의상·식품 등 전통문화 자원을 활용하는 산업이라고 되어 있다.

　'문화콘텐츠산업'은 게임, 영화, 연극, 스포츠, 관광, 음악, 미술, 패션 등 산업 분야와 콘텐츠가 결합되어 탄생한 산업으로 고부가가치를 창출할 수 있는 미래의 성장동력이다. 그 힘과 가능성은 '강남스타일'의 싸이나 한류 드라마를 통해서도 확인된다. 대한민국의 브랜드 가치 상승에 견인차 역할을 한 싸이의 '강남스타일'은 강남의 브랜드가치를 150조 원까지 끌어 올려놓았고, 우리나라가 인도네시아에 잠수함을 수출하는 데 당시 해병대에서 훈련 중이던 배우 현빈이 인도네시아를 방문해 지원할 정도로 한류의 영향력이 커졌다. 이러한 때에 문화예술 관련자들이 저작권에 대한 지식을 익히고 활용하는 것은 다양한 문화콘텐츠가 제대로 평가받고 새로운 창작활동을 도모할 수 있는 순환구조에 기본적인 바탕이 될 것이다.

02 문화예술저작권의 쟁점 짚어보기

IT를 기반으로 하나의 저작물이
여러 가지 형태로 산업화되는 추세에 따라
수많은 2차적 저작물 등이 통제장치 없이
양산되면서 저작자의 창작성 또한
침해당할 가능성은 그만큼 높아졌다.
또한 최근의 저작물들은
디자이너, 편집자, 온라인콘텐츠기술자 등
여러 전문가들이 참여하는 기업형 콘텐츠의
제작이 늘어나면서 권리관계의 다툼
또한 이슈가 되고 있다.

　　2차적 저작물이 늘어나면서 이와 관련한 저작권 분쟁이 증가하고 있다. 이런 추세는 여러 전문가들이 참여하는 공동저작물에서도 마찬가지이다.

2차적 저작물 관련 분쟁 증가 추세

　　책과 대본을 쓰는 작가들에게 있어서는 영문저작물을 요약한 영문요약물을 제3자로부터 제공받아 한글로 번역한 요약물을 유료로 제공한다면 2차적 저작물작성권을 침해하는 것은 아닌지, 자신이 쓴 뮤지컬 대본에 대해 저작권을 가지고 있는 것인지, 공동 집필한 연극대본이 다른 공동저작자에 의해 함부로 사용되고 있다면 어떤 대응을 해야 하는 것인지, 책에서 사용한 서체가 타인의 저작권을 침해하는 것은 아닌지, 책에서 사용된 사진이 초상권을 침해하는 것은 아닌지 명확하게 확인하고 신중하게 검토해야 한다.

　　영화인들과 관련해서 분쟁 사례들을 살펴본다면 영화에 음악을 사용할 때 음악저작권자가 영화 상영에 대해 공연권이 침해되었다며 주장하는 경우, 영화의 주제의식을 담고 있는 대사에 대해서 희곡작가가 자신의 희곡에서 사용된 대사를 무단으로 쓴 것이라고 주장하는 경우, 불법영화 복제 파일의 공유형 웹스토리지 서비스 제공자들에 대해 법적 책임을 물을 경우 등이 있다. 이러한 분쟁이 발생하면 어떻게 대응할 것인지 알고 있어야 한다.

　　또한 소설이나 만화가 드라마나 영화의 소재로 쓰이는 경우가 점차 늘고 있는데 영화나 드라마 제작자의 입장에서는 어느 정도의 아이디어 차용까지 허용되고 스토리나 캐릭터를 사용함에 있어서도 예술성과 창작성이 기존의 작품과는 차별화된 새로운 작품으로 인정받을 수 있을 것인지에 대해서 고민하고 전문가를 통해 검토하는 과정이 필수적이다. 엄청난 제작비를 투자하고도 기존 작품과 실질적 유사성이 있다고 밝혀지는 경우 상영금지가처분 결정을 받을 수 있는 위험이 따르기 때문이다.

문화콘텐츠산업이란 원소스 멀티유즈(One-source multi-use)의 성질을 가지는 고부가가치 산업을 말하는데, 뽀로로 같은 만화 캐릭터 하나가 교육이나 출판, 아동용품 산업에 주는 파급력을 생각하면 이해가 빠를 것이다. IT를 기반으로 하나의 저작물이 여러 가지 형태로 산업화되는 추세에 따라 수많은 2차적 저작물 등이 통제장치 없이 양산되면서 저작자의 창작성 또한 침해당할 가능성은 그만큼 높아졌다.

늘어나는 공동저작물, 더 복잡해지는 저작권

최근의 저작물들은 예전처럼 혼자서 창작되는 경우는 매우 드물고 디자이너, 편집자, 온라인콘텐츠기술자 등 여러 전문가들이 참여하는 기업형 콘텐츠의 제작이 늘어나면서 권리관계의 다툼 또한 이슈이다. 캐릭터를 공동개발하고도 공동저작물을 송두리째 빼앗기고 어떤 보상도 받지 못해 사건을 의뢰하는 경우, 작가 혼자서 창작했지만 계약서의 내용에 따라 회사가 권리를 주장해 억울하게 저작권자로 인정받지 못하는 경우처럼 다수의 협업이 이루어지는 경우에 공동저작물로서의 권리관계에 관한 분쟁들이 빈번하게 발생하고 있다.

이 책에서 다룬 사례 중에도 '두사부일체'라는 영화의 공동제작을 통해 공동저작권을 취득한 경우에 다른 일방의 동의 없이 자신의 지분을 양도한 행위는 효력이 없다는 사실을 잘 알지 못하고 지분을 양수받은 자가 저작권을 주장하였다가 패소한 사례가 있다. 공동저작물인 연극대본을 만드는 데 연극초벌대본을 집필하여 참여한 사람이 다른 공동저작권자의 동의 없이 뮤지컬 대본으로 사용한 경우에 저작권법 위반으로 고소를 당한 사례도 있다. 이처럼 많은 저작물들이 공동저작물로 만들어지고 있는 요즘, 공동저작권자 간의 저작물 권리관계에 대해 분명하게 알고 시작하는 것이 바람직하다.

지적재산권인 저작권, 분쟁사례를 통해 배운다

'재산이 있는 곳에 분쟁이 있다'는 말이 있다. 최근 디지털 기술과 인터넷의 발달로 지식재산 창출이 활성화됨에 따라 재산권의 개념 속에 저작권이 차지하는 비중이 커지고 있고, 자연스럽게 저작권 분쟁이 증가하는 추세이다. 그에 따라 변호사들도 고전적인 재산 개념인 부동산, 동산을 다루는 민법과 함께 지적재산권법에 대한 학습이 필수과목이 되었다고 해도 과언이 아니다.

저작물을 창작하는 저작자의 입장에서는 자신의 재산권을 어떻게 유지, 관리하고 침해에 대응해야 하는지를 아는 것이 더욱 필수적이다. 자신의 저작물과 유사한 저작물을 통해 상업광고를 하고 있는 침해자에 대해 대응 방안을 찾지 못해 의뢰하는 경우, 합의금 장사수단으로 이용된 내용증명을 받고 겁을 먹고 합의를 고민하는 경우, 저작권 침해에 대해 얼마의 금액을 손해로 산정해야할지 모르는 경우, 창작의 한계에 따른 표절논란에 휩싸인 경우까지 다양한 분쟁 속에서 자신의 재산과 권리를 지킬 수 있어야 한다. 저작자뿐만 아니라 저작물을 이용하고자 하는 사람과 새로운 저작물을 창작하고자 하는 사람까지 이제는 저작권법을 모르고서는 어떤 일도 할 수 없게 되었다.

이 책에서는 어문저작물, 음악저작물, 연극저작물, 미술저작물, 건축저작물, 사진저작물, 영상저작물, 도형저작물, 컴퓨터프로그램저작물의 아홉 가지 매체나 장르별 대표 판례들을 중심으로 하고 연예인 퍼블리시티권, 초상권, 편집저작물 관련 판례를 추가로 포함해 저작권 분쟁의 생생한 사례를 분석했다. 다양한 쟁점들이 녹아 있는 이 분쟁사례들을 통해 앞으로 닥쳐올 지도 모르는 저작권 분쟁을 예방하고, 해결방안을 찾는 데 도움이 되기를 바란다.

03 저작권의 출발과 흐름

저작권의 출발점이 된 베른협약을 비롯해
우리나라가 가입한 국제조약은
TRIPs, WIPO저작권조약(WCT), 로마협약,
WPPT, UCC 등 여러 가지가 있다.
이들 협약에 따라 저작권을 이루는
씨줄, 날줄이 더 촘촘해지고 있는 것이 현실이다.

우리나라의 저작권법은 1957년 최초로 제정된 이후 2013년 12월 30일까지 그동안 24차에 걸친 개정을 거쳐 지금의 내용을 갖추게 되었다.

FTA의 비준에 따른 저작권법의 변화를 눈여겨 봐라

개정 내용 중 최근 2011년 두 FTA의 비준에 따른 저작권법의 변화를 눈여겨 볼 필요가 있다. 한EU FTA의 체결에 따라 저작권법은 2011년 6월 30일 저작재산권 보호기간을 저작자 사후 50년에서 70년으로 연장(다만 시행은 2013년 7월 1일부터로 2년을 유예)하고, 온라인서비스 제공자를 유형별로 나누고 면책요건을 명확히 하였으며, 기술적 보호조치에 대한 보호를 강화하는 개정을 하게 되었다.

한미 FTA가 2011년 11월 12일 국회를 통과하면서 저작권법도 그에 따라 2011년 12월 2일 개정됐다. 개정법은 한미 FTA 합의사항에 따라서 저작물의 공정한 이용제도 도입, 법정손해배상제도 도입, 일시적 저장의 복제 인정, 저작인접권 보호기간 연장, 정보제공명령제도 도입, 비밀유지명령제도 도입, 일반 저작물에 대한 배타적발행권제도의 도입, 복제전송자에 관한 정보제공청구제도 도입 등에 관한 규정이 신설됐다.

저작권의 출발점이 된 베른협약

저작권의 국제적인 보호를 위해 가장 많이 사용하고 있는 방법은 다자간 협약에 의한 보호이며, 그 효시는 1886년 '문화적 및 미술적 저작물의 보호에 관한 베른협약'이다. 지금까지도 베른협약은 세계적 범위의 다자간 협약 중 가장 큰 영향력을 발휘하고 있으며, 우리나라도 1996년 6월 21일 WIPO에 가입신청서를 제출하여 1996년 9월 21일 효력이 발생했다.

베른협약은 발효 이후 2회의 추가와 5회의 개정을 거쳤는데 그 주요내용을 살펴보면 먼저, "저작자는 이 협약에 따라 보호되는 저작물에 관하여 본국 이외의 동맹국에서 각 법률이 현재 또는 장래에 자국민에게 부여하는 권리 및 이 협약에 의하여 특별히 승인된 권리를 향유한다."라고 하여 베른협약 동맹국의 국민은 내국민과 동일한 대우를 받을 수 있다는 '내국민대우의 원칙' 및 동맹국의 보호수준이 낮을 경우에는 협약에 의하여 특별히 승인된 권리까지는 최소한도로 보장한다는 '최소보호의 원칙'을 선언하고 있다.

그리고 "이 협약과는 별도로 저작자의 권리를 보호하기 위하여 주어지는 구제방법은 물론 그 보호의 정도는 오로지 보호가 요구된 국가의 법률의 규율을 받는다."라고 하여 저작권분쟁에 적용되는 법률에 대해서는 보호국의 법을 적용받는다는 '보호국법주의'를 취하고 있다.

베른협약은 저작물의 창작만으로 저작권이 발생하고 특별히 등록 등을 요하지 아니하는 '무방식주의'를 채택하여 방식주의를 채택한 나라에서도 등록 등이 없어도 그 보호가 가능하도록 하고 있다.

또한 "이 협약은 효력발생 당시에 본국에서 보호기간만료에 의하여 이미 저작권이 소멸된 상태에 놓이지 아니한 모든 저작물에 적용된다."라고 하여 조약 발효 전에 창작된 저작물에 대해서도 조약을 적용할 수 있는 '소급보호의 원칙'을 규정하고 있다.

여러 국제조약에 따라 더 촘촘해지고 있는 저작권

이외에도 우리나라가 가입한 국제조약은 TRIPs, WIPO저작권조약(WCT), 로마협약, WPPT, UCC 등의 다자간 협약 등으로 이런 협약에 따라 저작권의 씨줄, 날줄이 더욱 촘촘해지고 있다.

그 중 WIPO저작권조약은 베른협약과 로마협약의 부족한 부분을 보완하기 위하여 1996년 12월 채택하였고 우리나라는 2004년에 가입하였다. 주된 내용을 살펴보면 저작권 보호는 표현에만 미치고 아이디어에는 미치지 아니한다는 아이디어·표현 이분법을 명시하였고, 보호되는 저작물도 컴퓨터프로그램, 데이터 베이스를 포함하는 것으로 확장하였으며 배포권, 대여권, 공중전달권을 규정해 권리의 범위도 확장하여 디지털시대에 적합한 변화를 엿볼 수 있다.

우리나라 저작권법은 제3조에서 외국인의 저작물은 앞에서 살펴본 대한민국이 가입 또는 체결한 조약에 따라 보호되며, 대한민국 내에 상시 거주하는 외국인의 저작물과 맨 처음 대한민국 내에서 공표된 외국인의 저작물(외국에서 공표된 날로부터 30일 이내에 대한민국 내에서 공표된 저작물을 포함한다)도 저작권법에 따라 보호된다고 규정하고 있다.

이와 함께 보호되는 외국인의 저작물이라도 그 외국에서 대한민국 국민의 저작물을 보호하지 아니하는 경우에는 그에 상응하게 조약 및 이 법에 따른 보호를 제한할 수 있다는 상호주의 원칙도 표방하고 있다. 다만 보호되는 외국인의 저작물이라도 그 외국에서 보호기간이 만료된 경우에는 이 법에 따른 보호기간을 인정하지 아니한다는 실질적 상호주의 원칙을 예외적으로 인정하고 있다.

04 다른 나라의 문화예술저작권

인터넷, sns 등으로 다른 나라의
창작물을 누구나 쉽게 접할 수 있는 데다
해외 진출도 활발한 시대이다.
미국이나 일본, 중국 등 다른 나라의
문화예술저작권 관련 법률에
대한 이해도 필요하다.

미국

문화예술저작권과 관련한 법으로는 '디지털밀레니엄저작권법'(Digital Millennium Copyright Acts of 1998), '지적재산 보호 및 법원개정법'(Intellectual Property Protection and Courts Amendments Acts of 2004), '가족오락 및 저작권법'(Family Entertainment and Copyrigt Act of 2005) 등이 있다.

'디지털밀레니엄저작권법'은 1998년에 제정되었는데 주요내용을 살펴보면 • 저작물에의 무단접근이나 무단복제를 통제하는 기술적 조치를 우회하는 장치나 서비스를 만들거나 판매하는 것을 금지하고, • 온라인서비스 제공자가 저작권을 침해했을 때도 일정한 경우에 대해 새로운 면책을 인정하고 • 원격교육, 도서관에서의 면책, 영화제작물에 대한 권리이전의 경우에 있어서의 잔여분에 대한 의무승계 등 새로운 디지털 환경에 적합한 내용에 대해 다루고 있다. 우리나라 저작권법 규정 중 온라인서비스제공자의 책임 규정, 기술적 보호조치 규정, 권리관리정보 규정과 연관되어 있다.

'지적재산보호 및 법원개정법'은 위조 또는 불법 제작된 라벨이 부착, 수반 또는 포함되는 경우에 대한 벌칙과 3배 배상제도를 정한 것으로 우리나라 저작권법 규정 중 라벨 위조 등의 금지 규정과 관련 있다.

'가족오락 및 저작권법'은 최신영화가 인터넷 사이트에서 유포되어 저작권 침해문제가 발생하는 것을 예방하기 위해 만든 법이다. 저작권자의 허락 없이 영화나 시청각저작물 또는 기타 저작물을 영화 전시시설 내에서 그러한 저작물의 상영으로부터 송신하거나 복제하기 위하여 고의로 시청각녹음장치를 사용 또는 사용을 시도하는 자를 처벌하는 규정을 두고 있다. 이는 우리나라 저작권법 상의 누구든지 저작권으로 보호되는 영상저작물을 상영 중인 영화상영관 등에서 저작재산권자의 허락 없이 녹화기기를 이용하여 녹화하거나 공중송신하여서는 아니 된다는 영상저작물 녹화 등의 금지규정과 맥락을 같이 한다.

일본

일본은 저작권법 이외에 눈여겨 볼만한 법으로 2001년 제정된 '특정전기통신서비스제공자의 손해배상책임제한 및 발신자정보의 개시에 관한 법률', 2004년 제정된 '콘텐츠 창조·보호 및 활용촉진에 관한 법률', 2007년에 제정된 '영화 도촬의 방지에 관한 법률' 등이 있다.

'특정전기통신서비스제공자의 손해배상책임제한 및 발신자정보의 개시에 관한 법률'의 주요내용으로 특정전기통신에 의한 정보의 유통으로 타인의 권리가 침해되었을 경우 특정전기통신서비스제공자는 일정한 요건 하에 손해배상책임이 없다고 되어 있다. 이는 우리나라 저작권법의 온라인서비스제공자의 책임제한과 관련된다.

'영화 도촬의 방지에 관한 법률'은 영화관 등에서 영화 도촬을 통하여 영화의 복제물이 작성, 이것이 유포되어 피해가 발생하는 것을 방지하기 위한 처벌규정을 두고 있는데 우리나라 저작권법의 영상저작물 녹화 등의 금지 규정과 일맥상통한다.

'콘텐츠 창조·보호 및 활용촉진에 관한 법률'은 애니메이션, 영화, 게임, 음악 등 콘텐츠산업을 국가 주요산업으로 육성하기 위하여 콘텐츠산업의 진흥에 관한 시책을 종합적이고 효과적으로 수립하기 위하여 제정되었다. 주요내용으로 교육진흥, 전문인력양성, 연구개발, 데이터베이스정비 지원, 콘텐츠공정거래 등을 담고 있다. 우리나라에서는 2002년 제정된 '온라인 디지털콘텐츠산업 발전법'에서 2010년 이름을 바꾼 '콘텐츠산업 진흥법'이 이와 유사한 법이다.

중국

중국의 저작권법은 지적재산 관련법령 중 전리법이나 상표법보다 상대적으로 발전이 늦어진 편이다.

저작권에 대한 관리기관으로 '국가판권국'이 있다. 또한 산하에 '저작권보호 중심'이란 기구를 두어 저작권 등기나 저작권의 감정 등의 업무를 수행하는 시스템이다. 또한 중국의 지적재산권 보호시스템은 상표국, 지식산권국, 판권국 등 행정기관과 법원 두 개의 시스템을 통해 동시 운영되고 있다.

중국의 지적재산권 법률제도는 상표권, 특허권, 저작권 및 기타 과학기술 성과 권리의 관계를 조정하는 법률과 규범을 총칭한다. 주로 상표권법, 특허권법, 저작권법이 중국 지식재산권법의 핵심을 이룬다.

중국에서는 '지적재산권'을 '知識産權'이라고 하며 그 안에는 '산업재산권(工業産權)', '저작권(版權)'와 그 외 기타 권리로 분류되고 있다. '산업재산권'은 '특허법(專利權)'과 '상표법(商標權)'으로 나눌 수 있으며, 그 중에서 '특허법'은 '특허(發明專利)', '실용신안(實用新型專利)'으로 분류된다. 중국에 진출하는 경우 보유한 권리 중 사전에 법적으로 확인해야 할 것이 무엇인지 검토하는 것이 바람직하다.

최근 중국 정부는 국가의 주요 전략적 자산으로 지적재산권의 중요성을 감안, 지속 가능한 경제발전을 위해 지적재산권 보호조약에 가입하고 관련법을 정비하고 있다. 상표법 조약(TLT), 특허법 조약(PLT), 저작권 관련 로마협약을 제외하고는 지적재산권 관련 주요 국제협약에 모두 가입했다. 법 제도와 관련해서는 2001년 말 WTO 가입을 앞두고 전리법, 상표법, 저작권법 등 지적재산권법을 '무역관련 지적재산권에 관한 협정(TRIPs)'에 맞춰 수정했으며 2007년 11월 TRIPs 수정안에 대해 WTO 13개 국가와 함께 비준했다. 그동안 중국정부의 지적재산권 보호는 주로 미국과 EU 등 선진국의 요구에 응하는 차원에서 강화되어 왔다.

05 저작권의 기본개념

저작권은 저작물을 창작한 때
곧바로 발생하는 권리이므로
등록과 같은 절차를 필요로 하지 않는다.
하지만 저작권에 관하여 일정한 사항을
저작권등록부에 등록을 해두는 경우
사후 입증의 편의나 침해자의 고의 과실을
추정할 수 있는 수단이 된다.

무방식주의인 저작권은 창작과 함께 자동으로 발생하는 권리

지적재산권은 인간의 지적창작의 결과물에 관한 권리로, 크게 산업재산권과 저작권 두 가지이다. 산업재산권은 특허청의 등록해야 생기는 권리이지만, 저작권은 무방식주의를 채택하고 있어 저작물의 창작과 함께 자동으로 발생하는 권리라는 점에서 차이가 있다.

산업재산권 | 산업재산권에는 특허권, 실용신안권, 디자인권, 상표권이 있다. 예를 들어 설명하면 자연법칙을 이용한 기술창작으로 벨의 전화기 발명은 특허권의 대상이다. 이전에는 송화기와 수화기가 분리되어 있었는데 이것을 일체화한 전화기를 만들었다면 물품의 형상, 구조, 조합에 관한 실용적인 고안으로 실용신안권의 대상이고, 납작하고 네모난 모양의 스마트폰 모양을 디자인하여 시각을 통한 미감을 만들어 내면 디자인권의 대상이며, 이 전화기에 특정 회사의 브랜드로 영업표지에 대한 권리를 붙이면 상표권이 발생하게 된다.

저작권 | 저작자가 자신이 창작한 저작물에 대하여 갖는 저작권은 저작재산권과 저작인격권의 두 가지로 구분할 수 있다.

저작재산권은 저작자의 재산적 이익을 보호하고자 하는 권리로, 주로 저작물을 제3자가 이용하는 것을 허락하고 대가를 받을 수 있는 권리를 말한다. 저작재산권에는 복제권, 공연권, 공중송신권, 전시권, 배포권, 대여권, 2차적 저작물작성권 등이 있다. 저작인격권은 저작자가 저작물에 대하여 가지는 인격적·정신적 이익을 보호하는 권리로서 공표권, 성명표시권, 동일성유지권 등이 있다.

저작권은 크게 저작재산권과 저작인격권 2가지

저작권법 제2조에서는 '저작물' 은 인간의 사상 또는 감정을 표현한 창작물을, '저작자' 는 저작물을 창작한 자를 말한다고 되어 있다.

저작권은 저작물을 창작한 때 곧바로 발생하는 권리이므로 등록과 같은 절차를 필요로 하지 않는다. 하지만 저작권에 관하여 일정한 사항을 저작권등록부에 등록을 해둠으로써 사후 입증의 편의나 침해자의 고의 과실을 추정할 수 있는 수단이 된다.

저작권은 타인에게 이용을 허락하고 대가를 받을 수 있는 배타적지배권의 성격을 가지고 있다. 또한 존속기간이 정해진 유한한 권리이며, 여러 종류의 저작재산권과 저작인격권의 합으로 이루어져 있고, 분리양도가 가능한 가분성을 가진 권리이다.

저작재산권 | 복제권은 저작물을 복제할 권리(제16조)를 말하는데, 복제의 의미에 대해서 저작권법 제2조에서 인쇄·사진촬영·복사·녹음·녹화 그 밖의 방법으로 일시적 또는 영구적으로 유형물에 고정하거나 다시 제작하는 것을 말한다고 정의하고 있다.

또한 복제권의 제한 규정으로 제30조에서 제35조의 2까지 여러 규정을 두고 있는데 두 가지만 살펴보면 제30조에서 공표된 저작물을 영리를 목적으로 하지 아니하고 개인적으로 이용하거나 가정 및 이에 준하는 한정된 범위 안에서 이용하는 경우에는 그 이용자는 이를 복제할 수 있다고 사적이용을 위한 복제를 허용했다. 제35조의 2에서는 컴퓨터에서 저작물을 이용하는 경우에는 원활하고 효율적인 정보처리를 위하여 필요하다고 인정되는 범위 안에서 그 저작물을 그 컴퓨터에 일시적으로 복제할 수 있다고 하여 저작물 이용과정에서의 일시적 복제를 허용하고 있다.

공연권은 저작물을 공연할 권리(제17조)를 말하며, 공연의 의미에 대하여 제2조에서는 저작물 또는 실연·음반·방송을 상연·연주·가창·구연·낭독·상영·재생 그 밖의 방법으로 공중에게 공개하는 것을 말하며, 동일인의 점유에 속하는 연결된 장소 안에서 이루어지는 송신(전송을 제외한다)을 포함한다고 정의내리고 있다. 그리고 제29조에서는 영리를 목적으로 하지 아니하고 청중이나 관중 또는 제3자로부터 어떤 명목으로든지 반대급부를 받지 아니하는 경우에는 공표된 저작물을 공연 또는 방송할 수 있다고 규정하여 영리를 목적으로 하지 아니하는 공연은 가능하도록 공연권 제한 규정을 두었다.

공중송신권은 저작물을 공중송신할 권리(제18조)로서 제2조에서는 저작물, 실연·음반·방송 또는 데이터베이스(이하 '저작물등' 이라 한다)를 공중이 수신하거나 접근하게 할 목적으로 무선 또는 유선통신의 방법에 의하여 송신하거나 이용에 제공하는 것을 공중송신으로 정의하고 있다. 공중송신권의 제한으로 제34조는 저작물을 방송할 권한을 가지는 방송사업자는 자신의 방송을 위하여 자체의 수단으로 저작물을 일시적으로 녹음하거나 녹화할 수 있다고 돼 있다.

전시권은 미술저작물등의 원본이나 그 복제물을 전시할 권리(제19조)로, 제35조를 통해 미술저작물등의 원본의 소유자나 그의 동의를 얻은 자는 그 저작물을 원본에 의하여 전시할 수 있다는 전시권 제한 규정이 있다.

배포권은 저작물의 원본이나 그 복제물을 배포할 권리를 말하는데, 저작물의 원본이나 그 복제물이 해당 저작재산권자의 허락을 받아 판매 등의 방법으로 거래에 제공된 경우에는 더 이상 저작자가 배포권을 가지지 아니한다는 권리소진의 원칙이 적용된다.(제20조) 제2조에서는 저작물 등의 원본 또는 그 복제물을 공중에게 대가를 받거나 받지 아니하고 양도 또는 대여하는 것을 '배포' 라고 정의했다.

대여권은 판매용 음반이나 판매용 프로그램을 영리를 목적으로 대여할 권리(제21조)를 말한다. 예를 들어 음반을 매입한 자가 이를 타인에게 상업적으로 대여하고자 하는 경우에는 저작권자가 판매 이후에도 여전히 대여권을 가지므로 그의 허락을 얻어야 하는 것이다.

2차적 저작물작성권은 저작물을 원저작물로 하는 2차적 저작물을 작성하여 이용할 권리(제22조)를 말하는데 제5조에서는 원저작물을 번역·편곡·변형·각색·영상제작 그 밖의 방법으로 작성한 창작물을 '2차적 저작물'이라고 정의하고 이는 독자적인 저작물로서 보호된다고 정해 놓았다. 즉 원저작물에 근거하여 실질적유사성을 지니고 있지만 새로운 창작성이 포함된 2차적 저작물을 원저작자의 허락 없이 작성하거나 사용해서는 안 된다.

저작인격권 | 공표권은 저작물을 공표하거나 공표하지 아니할 것을 결정할 권리(제11조)를 말한다. 제2조에서는 저작물을 공연, 공중송신 또는 전시 그 밖의 방법으로 공중에게 공개하는 경우와 저작물을 발행하는 경우를 공표로 정의했다. 저작권법은 저작자가 공표되지 아니한 저작물의 저작재산권을 양도, 이용허락, 배타적발행권의 설정 또는 출판권의 설정을 한 경우, 저작자가 공표되지 아니한 미술저작물·건축저작물 또는 사진저작물(이하 '미술저작물등'이라 한다)의 원본을 양도한 경우에는 그 상대방에게 저작물의 공표를 동의한 것으로 추정하고, 공표하지 아니한 저작물을 저작자가 제31조의 도서관 등에 기증한 경우 별도의 의사를 표시하지 않는 한 기증한 때에 공표에 동의한 것으로 추정한다는 추정규정이 있다. 또한 원저작자의 동의를 얻어 작성된 2차적 저작물 또는 편집저작물이 공표된 경우에는 그 원저작물도 공표된 것으로 본다는 간주규정도 있다.

성명표시권은 저작물의 원본이나 그 복제물에 또는 저작물의 공표 매체에 그의 실명 또는 이명을 표시할 권리(제12조)를 말한다. 저작물을 이용하는 자는 그 저작자의 특별한 의사표시가 없는 때에는 저작자가 그의 실명 또는 이명을 표시한 바에 따라 이를 표시해야 한다. 다만, 저작물의 성질이나 그 이용의 목적 및 형태 등에 비추어 부득이하다고 인정되는 경우에는 그러하지 아니하다고 단서를 두어 성명표시권의 제한이 가능함을 열어두었다.

동일성유지권은 저작물의 내용·형식 및 제호의 동일성을 유지할 권리(제13

조)를 말한다. 저작자의 허락 없이 저작물에 개변이 이루어지고 그에 따라 저작물의 동일성이 유지되지 못한다면 저자작자의 인격적 표현이 침해되는 것은 당연한 것이다. 다만 저작물을 이용하는 경우에 학교교육 목적상 부득이하다고 인정되는 범위 안에서의 표현의 변경, 건축물의 증축·개축 그 밖의 변형, 특정한 컴퓨터 외에는 이용할 수 없는 프로그램을 다른 컴퓨터에 이용할 수 있도록 하기 위하여 필요한 범위에서의 변경, 프로그램을 특정한 컴퓨터에 보다 효과적으로 이용할 수 있도록 하기 위하여 필요한 범위에서의 변경, 그 밖에 저작물의 성질이나 그 이용의 목적 및 형태 등에 비추어 부득이하다고 인정되는 범위 안에서의 변경은 본질적인 내용의 변경이 아닌 한 가능하도록 동일성유지권의 제한을 두고 있다.

저작인접권 | 저작인접권은 실연자, 음반제작자, 방송사업자와 같이 일반 공중이 저작물을 이용할 수 있도록 저작자와 매개하는 역할을 하는 이들에게 주어진 권리이다. 저작물의 창작자는 아니지만 저작물을 재현하여 온전하게 누릴 수 있도록 하는 역할을 하기 때문에 저작권과 유사한 권리를 인정하고 있다. 저작권법은 제65조에서 이러한 저작인접권의 규정들은 저작권에 영향을 미치는 것으로 해석하여서는 안 된다고 명시하고 있으므로 별도로 저작권자의 허락도 필요하다.

실연자는 저작물을 연기·무용·연주·가창·구연·낭독 그 밖의 예능적 방법으로 표현하거나 저작물이 아닌 것을 이와 유사한 방법으로 표현하는 실연을 하는 자를 말하며, 실연을 지휘, 연출 또는 감독하는 자를 포함한다. 실연자가 가지는 권리에는 인격권으로서 성명표시권, 동일성유지권이 있고 재산권으로서 복제권, 배포권, 대여권, 공연권, 방송권, 전송권, 방송사업자에 대한 보상청구권, 디지털음성송신사업자에 대한 보상청구권, 판매용 음반을 사용하는 공연에 대한 보상청구권 등이 있다.

음반제작자는 음을 음반에 고정하는 데 있어 전체적으로 기획하고 책임을 지는 자를 말한다. 음반제작자가 가지는 권리는 복제권, 배포권, 대여권, 전송권, 방송사업자에 대한 보상청구권, 디지털음성송신사업자에 대한 보상청구권, 판매용 음반을 사용하는 공연에 대한 보상청구권 등이 있다.

방송사업자는 방송을 업으로 하는 자를 말하며 방송사업자는 복제권, 동시중계방송권, 공연권을 가진다.

저작재산권 보호기간은 사후 50년에서 70년으로 연장

저작재산권은 배타적 권리이기는 하지만 소유권과 같은 영구성이 없어 보호기간 동안에만 보호되고 보호기간이 종료되면 배타성이 소멸하여 누구나 사용할 수 있는 공중의 영역에 속하게 된다. 저작권법은 제39조에서 저작자가 생존하는 동안과 사망한 후 70년간 존속한다고 규정하고 있다. 사망한 후 50년이던 보호기간이 2011년 개정을 통하여 70년으로 연장된 것이다.

업무상저작물과 영상저작물의 경우에는 공표한 때부터 70년간 존속한다. 다만, 창작한 때부터 50년 이내에 공표되지 아니한 경우에는 창작한 때부터 70년간 존속하는 것으로 규정하였다. 이러한 저작재산권의 보호기간을 계산하는 경우에는 저작자가 사망하거나 저작물을 창작 또는 공표한 다음 해부터 기산한다.

저작권을 등록해 놓아야 분쟁에서 유리하다

저작권은 창작과 동시에 발생하는 것이므로 등록이 필수요소는 아니지만 등록을 통해서 일반 공중에 공시하는 효과가 있고 저작권 분쟁이 발생하는 경우 저작권 존재에 대한 입증, 법정손해배상청구제도 이용, 침해자의 고의과실에 대한 추정 등이 가능하다. 또한 권리변동 등의 등록을 통하여 제3자에게 대항할 수 있는 대항력을 지니기도 한다. 저작권 등록을 위해 한국저작권위원회에서 저작권등록 시스템(www.cros.or.kr) 을 운영하고 있다.

인증은 저작물 등의 이용허락 등을 위하여 정당한 권리자임을 증명하는 것을 말하는데, 주로 거래안전 보호를 위하여 저작권자가 누구인지 확인해 주는 제도로 이용되고 있다. 한국저작권위원회나 저작권신탁관리업자, 그 밖에 문화체육관광부장관이 인증업무를 수행할 능력이 있다고 인정하는 법인이나 단체가 인증기관으로 지정받을 수 있는 기관에 속한다.

저작권 등록 현황

저작권에 대한 인식이 높아지면서 저작권을 등록해 놓는 경우도 점차 늘어나고 있다. 실제로 어문저작물과 음악, 연극, 미술, 편집, 등 전체 저작물을 등록한 건수는 2009년 24,225건에서 2013년 31,462건으로 크게 늘었다.

(자료 제공 : 한국저작권위원회)

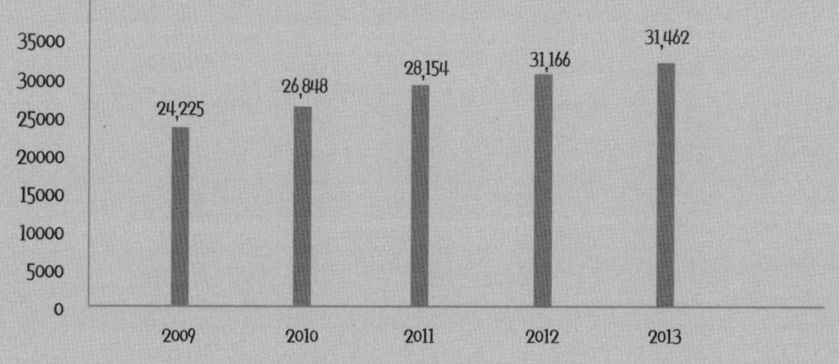

- 어문저작물
- 음악저작물
- 연극저작물
- 미술저작물
- 건축저작물
- 사진저작물
- 영상저작물
- 편집저작물
- 도형저작물
- 컴퓨터 프로그램
- 기타

2 장

문화예술저작권 분쟁사례 33

01 당신이 주인공이라도 '펌글'은 위험하다

"미디어는 메시지다."
현대 미디어의 아버지라 일컫는
마샬 맥루한(M. McLuhan)의 말이다.
그는 미디어가 인간의 확장이자 인간의 감각 형태를
변화시키는 방식이라고 했다.
그렇듯 이집트의 파피루스 같은 종이형태의 미디어로
거슬러 올라가지 않더라도 인간소통을 가능케 했던
수많은 형태의 미디어가 지금까지
개발되고 존재해 온 이유일 것이다.
그 중에서도 신문이 근대의 인쇄기술을 통해
현대의 매스미디어로 자리를 잡았다면,
인터넷은 통합된 전송수단으로 인해
멀티미디어 시대를 이끄는 선두주자가 되었다.
그러한 미디어 메시지의 대량복제 기술은 특히 저작권
세계에 새로운 질서와 대안 모색을 종용해 온 셈이다.

주요판례 1   신문기사에도 저작권이 있나요?
【서울고등법원 2006. 11. 29. 선고 2006나2355 판결】
관련 판결   【대법원 2006. 9. 14. 선고 2004도5350 판결】

초기 사이버공간에서 가장 먼저 위기감을 맞았던 미디어 매체는 신문 산업이었다. 인터넷의 편리성과 신속성이 부각됨에 따라 인터넷 포털사이트들은 각종 일간지의 기사를 그대로 옮겨 놓을 뿐만 아니라 자체 기자까지 두는 등 뉴스채널의 강자로 떠올랐기 때문이다. 콘텐츠가 다양화된 최근의 흐름은 소수의 콘텐츠 생산자들이 대중화(大衆化)를 이끄는 것이 아니라, 소셜네트워크서비스(SNS)를 이용한 다수의 콘텐츠 생산자들이 콘텐츠의 분중화(分衆化)와 점중화(點衆化)를 이끌어내고 있는 추세다. 이러한 커뮤니케이션의 발전 형태에 따라서 저작권의 보호 형태도 끊임없이 변화하고 강화될 것을 요구하고 있다.

신문기사의 저작권 인정은 어디까지인가?

연합뉴스는 자사 소속 기자들이 먼저 취재하여 작성·송고한 기사를 한 인터넷 신문사가 2003년 10월부터 2004년 11월까지 그대로 베끼거나, 문장의 일부를 발췌하거나, 기사에 사용된 단어를 유사한 단어로 변경하는 등의 방법으로 자사 기사에 대한 저작권을 침해했다고 주장했다. 따라서 인터넷 신문사를 상대로 그 침해행위를 정지하고, 그로 인한 손해를 배상하며, 그 침해행위로 인하여 훼손된 연합뉴스의 명예회복에 필요한 조치를 할 의무가 있다고 소송을 제기했다. 과연 법원에서 받아들여졌을까? 받아들여졌다면 손해배상액은 얼마로 판결났을까? 【서울고등법원 2006. 11. 29. 선고 2006나2355 판결】

기사도 창조적 개성이 드러날 때 저작권성 인정

신문기사의 저작권성 인정여부에 대하여 법원은 먼저 원고 연합뉴스의 기사를 두 가지로 분류하였다. "단순히 사실을 전달하는데 그치지 않고, 기사의 내용인 사실을 기초로 한 작성자의 비판, 예상, 전망 등이 표현되어 있고, 그 길이와 내용에 비추어 볼 때 이를 작성한 기자가 그 수집한 소재를 선택, 배열, 표현할 수 있는 다양한 방법 중 자신의 일정한 관점과 판단기준에 근거하여 소재를 선택하고, 이를 배열한 후 독자의 이해를 돕기 위한 어투, 어휘를 선택하여 표현한 기사"에 대해서는 작성자의 창조적 개성이 드러나 있다고 할 것이므로 이는 저작권법의 보호대상이 되는 저작물이라고 판단하였다.

그에 반해 "그 표현 자체가 지극히 전형적으로 이루어지고, 깊이 있는 취재에 의한 것이 아니라 단순한 관계기관의 발표, 자료 등에 의존하여 간단하게 구성

1. 퍼가기 버튼 클릭
   원하는 사진 우측 하단에 퍼가기 버튼을 클릭합니다
2. 복사하기
   "클릭하세요. 코드복사" 버튼을 클릭합니다.
3. 붙여넣기
   원하는 자신의 블로그, 카페, 커뮤니티 등에 복사된 소스를
   붙여넣기 (ctrl+v)를 합니다.
<저작권 안내>
1. 퍼가기 기능 이외에 머니투데이의 모든 기사(콘텐츠)는 무단 전재,
복사, 배포 등 을 금합니다.
2. 머니투데이의 저작권이 없는 외부사진(통신사 및 해외통신사,
방송사)은 퍼가기 기능을 이용해서 사진퍼가기를 금합니다.
3. '서비스'를 이용하여 얻은 정보를 가공, 판매하는 행위 등 '서비스'에
게재된 자료를 상업적으로 사용할 수 없습니다.

되어 그 작성자가 다양한 표현방법 중 특별한 방법을 선택하였다고 보여지지 않는 등 기사를 작성하는 기자라면 누구나 같거나, 유사한 표현을 사용할 것이라고 보여지는 기사"에 대해서는 그 내용, 길이 등에 비추어 소재의 선택, 배열, 구체적인 용어의 선택, 어투, 그 밖의 문장표현에 창작성이 인정된다거나, 그 기사를 작성한 기자의 평가, 비판 등의 사상이나 감정이 표현되어 있는 기사에 해당한다고 볼 수 없으므로 저작권법에 의하여 보호되는 저작물이라고 할 수 없다고 판단하였다.

의거관계와 실질적 유사성으로 인해 저작권 침해

이 사건 기사의 저작권자에 대하여 법원은 언론기관이 연합뉴스로부터 제공

받은 기사를 게재하는 경우 그 기사 아래에는 '<저작권자(c)연합뉴스. 무단전재·재배포 금지>'라는 당해 기사의 저작권이 연합뉴스에게 있다는 취지의 표시가 이루어진 사실을 인정하였다. 또한 이 사건 기사는 연합뉴스의 기획 하에 연합뉴스의 소속 기자들이 업무로서 작성한 것으로 연합뉴스의 명의로 공표된 기사라고 할 것이므로 이 사건 기사의 저작권은 연합뉴스에게 귀속된다고 보았다.

그렇다면 이렇게 연합뉴스의 저작권이 인정되는 신문기사에 대하여 인터넷 신문사가 저작권을 침해하였는지에 관해서 법원은 연합뉴스가 이 사건 저작권 인정 기사들을 송고한 시간은 인터넷 신문사가 그에 대응하는 기사를 송고한 시간보다 수 십분 내지 수 시간 빠른 사실에 비추어 인터넷 신문사가 자신의 기사를 송고할 무렵에는 그에 대응하는 연합뉴스의 이 사건 저작권인정 기사들의 존재를 알고 있었다고 할 것이므로 연합뉴스의 기사에 의거하여 기사를 작성하였음을 추인할 수 있다고 보아 의거관계를 인정하였다.

또한 인터넷 신문사 기사의 전부 또는 대부분에 있어서 소재 배열순서, 구체적인 용어의 선택, 그 밖의 문장표현이 동일하고, 단지 일부 문장의 배열순서를 변경하고, 일부의 어휘를 같은 의미의 다른 단어로 변경한 것에 불과하여, 그에 대응하는 연합뉴스의 기사들과 사이에 실질적 유사성도 인정하였다.

전재료는 일간지의 3분의 1 수준… 명예훼손은 불인정

손해배상액 산정에 관해서 연합뉴스 측에서 최초 70,000만 원을 청구하였는데 법원에서는 두 당사자 사이에 전재계약을 체결하였더라면 지급받을 수 있었던 전재료 액수는 중앙일간지에 대한 전재료의 3분의 1에 해당하는 월 1,900만 원(=5,700만 원×1/3) 정도로 봄이 상당하므로 결국 원고가 입게 된 손해액은 피고의 저작권 침해기간인 14개월 동안의 전재료에 상당한 금 26,600만 원(=1,900만 원×14개월)으로 인정하였다. 또한 각 기사의 복제, 배포, 전송 금지 및 데이터베이스 서버 기타 이를 저장하고 있는 저장매체에서 삭제하라는 판결을 내렸다.

다만 연합뉴스 측에서 자신의 명예가 훼손되었기 때문에 그에 대한 손해를 배상하고 명예회복을 위한 조치로써 해명서를 5개 일간지에 각 1회 게재하여야 한다고 주장하였지만 인터넷 신문사가 그 저작권자인 연합뉴스의 성명을 기재하지 아니하고, 그 내용을 일부 변경한 사실만으로는 연합뉴스의 명예가 훼손되었음을 인정하기에 부족하다고 보아 이를 받아들이지 아니하였다.

인터넷 '펌글도 위험하다' 링크도 조심스럽게

법원은 "문장표현에 창작성이 인정된다거나 그 기사를 작성한 기자의 평가, 비판 등의 사상이나 감정이 표현되어 있는 기사"인지 여부를 기준으로 저작권이 인정되는 기사와 그렇지 않은 기사를 구분하였다. 저작권이 인정되는 기사의 경우 저작권자의 동의 없이 함부로 이를 사용하였다면 그 기사의 내용이 사용자 본인에 대한 내용일지라도 저작권 침해가 인정될 위험이 있다. 그러므로 인터넷 블로그 등에 본인의 기사를 올릴 경우 신문사의 허락을 받거나 제일 안전한 방법은 링크 주소만을 이용하여 신문사의 홈페이지를 찾아 기사를 볼 수 있도록 하는 방법일 것이다. 그러나 요즘은 링크의 형태도 다양하므로 저작권법상 문제가 발생하지 않으려면 조심스럽게 접근할 필요가 있다.

단순 사실전달에 불과한 기사는 저작권성 불인정

비슷한 시기에 형사적 책임에 관한 판결이 있었다. 한 신문사의 편집국장이 일간신문을 제작하는 과정에서 연합뉴스사의 기사 및 사진을 복제하였다는 이유로 1심에서 벌금 1,000만 원, 2심에서 벌금 500만 원을 받고 대법원에 상고한 사건이다. 대법원에서는 "단순한 사실의 전달에 불과한 시사보도의 수준을 넘어선 것도 일부 포함되어 있기는 하나, 상당수의 기사 및 사진은 정치계나 경제계의 동향, 연예·스포츠 소식을 비롯하여 각종 사건이나 사고, 수사나 재판 상황, 판결 내용, 기상 정보 등 여러 가지 사실이나 정보들을 언론매체의 정형적이고 간결한 문체와 표현 형식을 통하여 있는 그대로 전달하는 정도에 그치는 것임을 알 수 있어, 설사 이러한 기사 및 사진을 그대로 복제하여 게재하였다고 하더라도 이를 저작재산권자의 복제권을 침해하는 행위로서 저작권법 위반죄를 구성한다고 볼 수는 없다."라고 하여 무죄취지로 파기 환송하였다. 【서울고등법원 2006. 11. 29. 선고 2006나2355 판결】

앞서 살펴본 2006나2355 판결과 마찬가지로 단순한 사실의 전달에 불과한 기사의 경우에는 이를 복제하여 사용한다고 하더라도 민사사건뿐만 아니라 형사사건에서도 전혀 책임을 지지 아니한다는 점을 알 수 있다.

링크와 저작권 문제

　링크(link)라 함은 특정한 개인(A)이 자신의 블로그상에 또는 특정한 사이트 운영자 (B)가 자신의 웹페이지상에 다른 사이트 운영자(C)가 운영 · 관리하는 웹사이트의 주소를 하이퍼텍스트의 형식으로 표시하고, A의 블로그 또는 B의 웹사이트에 접속한 제3자가 위 하이퍼텍스트만을 클릭함으로써 곧바로 C의 웹사이트에 연결되거나 C의 서버에 저장된 음악파일 등을 전송받을 수 있는 인터넷상의 연결체계를 의미합니다. 여기서 링크에 의한 타인의 복제권, 전송권 침해책임이 문제되는 직접적인 행위 주체는 그와 같은 링크를 걸어 놓은 위 A, B에 해당하는 것이고, 링크의 대상 사이트를 운영하였음에 불과한 C에 대하여는 원칙적으로 링크에 의한 복제권, 전송권 침해책임을 물을 수 없다는 판결이 존재합니다. 【서울고등법원 2008. 9. 23. 선고 2007나70720 판결】

　대법원은 링크는 인터넷에서 링크하고자 하는 웹페이지나 웹사이트 등의 서버에 저장된 개개의 저작물 등의 웹 위치 정보 내지 경로를 나타낸 것에 불과하여, 비록 인터넷 이용자가 링크 부분을 클릭함으로써 링크된 웹페이지나 개개의 저작물에 직접 연결한다 하더라도 이는 '복제'에 해당하지 아니하고, 또한 저작물의 전송의뢰를 하는 지시 또는 의뢰의 준비행위로 볼 수 있을지언정 '전송'에 해당하지 아니하며, '전시'에도 해당하지 아니한다고 보았습니다. 【대법원 2010. 3. 11. 선고 2009다4343 판결】

　단순링크, 직접링크, 프레임 링크, 임베디드 링크, 인라인 링크 등 다양한 형태의 링크가 존재하는데 링크의 종류에 따라 저작권 침해가 직접적으로 결정되는 것은 아니므로 사안에 따라 저작권 침해여부를 개별적으로 판단해 볼 필요가 있습니다. 판례는 단순링크, 직접링크, 인라인 링크와 같은 경우에는 복제, 전시, 전송에 해당하지 아니한다고 판결한 바 있습니다.

02 'Before & After'의 저작물성은 'No'

디지털 카메라에 이어
스마트폰 카메라의 기능이 날로 좋아지고 있다.
사람들의 사진 찍기 수준은 말할 것도 없다.
법은 사진촬영에 있어 기계적 작용에
의존하는 부분이 많아 정신적 조작의 여지가
적기 때문에 촬영자의 창작성이 발휘되는 부분이
많지 않다고 말한다.
어문저작물에서 왜 갑자기 사진저작물을 논하느냐고
묻는다면 인터넷 홈페이지의 콘텐츠에는
내용뿐만 아니라 사진도 존재하기 때문이다.

주요판례 2 홈페이지에서 온라인을 통해 환자에 대한 상담내용을 적은 글과 모발이식수술 치료 전후의 사진은 저작물로 인정될 수 있을까요?
【서울중앙지방법원 2007. 6. 21. 선고 2007가합16095 판결】

홈페이지에 실린 내용과 사진은 어떤 식으로 저작물성을 인정받을 수 있을까. 제3자가 인터넷에 공개된 정보를 이용하는 것이 어떻게 허용될 수 있을까? 또 이 제3자의 이용에 대해 민법 제750조의 불법행위책임은 어떻게 인정되는지를 이 사건에서 극명하게 엿볼 수 있다.

홈페이지의 환자 치료사진과 상담내용을 무단으로 이용

성형외과 의사 갑이 운영하는 홈페이지에 실린 모발이식수술 치료 전후의 사진과 온라인상의 환자에 대한 상담내용을 의사 을이 무단으로 자신이 치료한 환자의 임상사례인 것처럼 방송에서 그 사진을 제시하고 또한 자신이 상담한 내용처럼 을 자신이 운영하는 홈페이지 온라인 상담코너에 그대로 옮겨 싣는 방법으로 이용한 의사 을의 행위가 저작권 침해행위에 해당할까? 【서울중앙지방법원 2007. 6. 21. 선고 2007가합16095 판결】

갑의 치료사진과 상담내용은 보호받는 저작물인가?

모발이식수술 치료 전후의 사진은 사진저작물로, 온라인상의 환자에 대한 상담내용은 어문저작물로 인정될 수 있는지 여부가 쟁점인 사건이다.

의사 갑은 모발이식수술 치료 전후의 사진들은 그 피사체가 모발이식수술을 받은 환자들로서 모발이식수술 자체가 수술방법의 선택과 시술능력이 필요하여 갑의 개성이 투영되어 있고, 수술 후 시점의 선택, 수술 전후가 비교되도록 한 배치, 촬영 위치와 각도, 조명의 측면에서 창작성과 개성이 드러나므로 사진저작물이라고 주장하였다.

사진촬영은 기계적 의존도 높아 보호범위 고려해야

이에 대해 법원은 사진저작물은 피사체의 선정, 구도의 설정, 빛의 방향과 양의 조절, 카메라 각도의 설정, 셔터의 속도, 촬영기회의 포착, 기타 촬영방법, 현상과 인화 등의 과정에서 촬영자의 개성과 창조성이 인정되는 경우에는 저작권법에 의하여 보호되는 저작물에 해당되나 사진은 누구든지 사진기로 촬영을 하고 현상과 인화 등의 처리과정을 거쳐 피사체를 찍은 사진이 완성되는 것이므로 사진촬영은 기계적 작용에 의존하는 부분이 많고, 정신적 조작의 여지가 적으므로 촬영자의 창작성이 발휘되는 부분이 많지 않다는 점에서 다른 저작물과 차이가 있는 것은 부정할 수 없으므로 어떠한 사진이 저작권법에서 보호하는 사진저작물에 해당하는지 여부를 판단함에 있어서는 그와 같은 사정을 고려하여야 한다는 기준을 제시하였다.

모발치료 사진은 창조성이 있는 저작물로 보기 어려워

이에 따라 본 사건에서 모발이식수술 자체에 갑의 개성과 창조성이 드러나 있다고 하여 모발이식수술 사진들에 갑의 개성이나 창조성이 있다고 볼 수는 없고, 사진들은 모두 갑이 모발치료를 담당하였던 환자들을 피사체로 선정하여 그들이 갑으로부터 모발이식수술을 받은 수술의 전후 모습을 대비함으로써 모발치료의 효과를 나타내고자 하는 목적에서 촬영한 것이다. 위 사진들의 구체적인 촬영방법인 카메라의 각도나 빛의 방향과 양의 조절, 촬영시점의 포착 등에 있어서 갑의 개성이나 창조성이 있다고 보기 어렵고, 촬영 후의 현상과 인화의 과정에서 배경, 구도, 조명, 빛의 양 등에 갑의 개성이나 창조성을 가미하고 있다고 볼 수도 없으므로 갑의 위와 같은 사진들은 사진저작물로 보기 어렵다고 판단하였다.

상담내용 역시 개성이 발휘되는 어문저작물로 부적합

그리고 환자의 질문에 대한 상담내용이 어문저작물에 해당하는지 여부에 대

해서 의사 갑은 상담내용이 모발이식수술에 관한 지식과 임상경험에 기초한 것
으로서, 갑이 특별히 선택한 용어를 조합하고, "모발이 나면서 약간은 까끌까끌
한 느낌이 나는 정도"와 같은 수사법을 사용하여 표현하였으며, 모발이식수술
의 효용과 개념, 수술방법, 마취범위, 입원의 필요여부 및 일상생활의 영향, 수술
에 소요되는 모발 수, 수술 시의 유의점 등의 순서로 배열한 것이므로 이러한 용
어 선택과 설명순서에서 원고의 개성이 드러난 창작적 표현이므로 어문저작물
이라고 주장하였다.

이에 대해 법원은 어떤 저작이 저작물로 인정되기 위해서는 그것이 사상이나
감정을 창작적으로 표현한 것이 필요하고, 이러한 창작성은 표현의 내용인 사상
이나 감정에 관해 요구되는 것은 아니고 표현의 구체적인 형식에 관해 요구되
는 것으로 이는 완전한 의미의 독창성을 말하는 것은 아니며, 외부적 표현에 저
작자의 창작·노력에 따른 개성이 어떠한 형태로든 나타나 있으면 충분하지만
사상이나 감정 또는 사실을 표현하는 방법이 하나밖에 없거나 또는 극히 한정되
어 있는 경우에는 누가 저작하여 표현하더라도 마찬가지의 표현이 될 수밖에 없
으므로 표현에 있어 저작자의 개성이 발휘될 여지가 없다고 보았다. 그리고 표현방
법에 있어 선택의 여지가 없지는 않고, 저작자가 스스로 생각하여 표현한 경우에도
그 표현이 평범하고 흔한 경우에는 개성이 발휘되어 있지 않으므로 이와 같은 경우
에는 창작성을 갖추지 못하여 저작물로 인정할 수 없다는 기준을 제시하였다.

인터넷에 공개된 정보, 저작물성 부정으로 제3자 이용 허용

그러한 기준에 따라 본 사건에서는 갑의 상담내용은 환자의 질문에 대해 모발이식수술의 개념, 효용, 수술방법, 수술 후의 처치 등에 관한 자신의 생각이나 감정을 밝힌 것이라고 할 수 있지만 그 상담내용의 표현형식으로 보아 그 자체에 저작자의 독자적인 개성이 나타나는 것으로서 법적으로 보호할 가치가 있는 창작적 표현으로 보기 어렵고, 거기에 갑이 주장하는 용어 내지 수사법의 선택과 배열이 특별히 갑의 개성이나 창작성을 드러내는 것으로 보이지도 아니하므로 위 상담내용은 어문저작물로 보기 어렵다는 판결을 하였다. 그에 따라 사진들과 상담내용의 저작물성이 모두 부정되어 이를 전제로 한 갑의 저작권 침해 주장은 받아들여지지 아니하였다.

일반적으로 홈페이지를 통하여 인터넷에 공개된 정보는 저작권법에 따라 배타적인 권리로 인정되지 않는 한 제3자가 이를 이용하는 것은 원칙적으로 자유이다. 이 사건에서도 사진과 상담내용의 저작물성이 모두 부정되었기 때문에 제3자의 이용이 허용된다고 할 것이지만 갑의 입장에서는 억울함이 남지 않을 수 없다. 이러한 상황을 해결하기 위해서 법원은 민법 제750조 불법행위책임을 인정하였다.

고의·과실로 인한 위법행위는 민법의 제750조에 따라 배상해야

즉 부정하게 스스로의 이익을 꾀할 목적으로 이를 이용하거나 또는 손해를 줄 목적에 따라 이용하는 등의 특별한 사정이 있는 경우에는 홈페이지를 통하여 인터넷에 공개한 정보를 무단으로 이용하는 행위가 법적으로 보호할 가치가 있는 상대방의 이익을 침해하는 위법한 행위에 해당하여 불법행위가 성립할 수도 있다는 전제하에 갑의 사진 촬영과 환자들에 대한 상담내용을 작성한 것은 갑의 연구, 노력에 따른 성과이고, 또한 이와 같이 촬영, 작성된 사진, 상담내용을 홈페이지에 게시하여 운영하는 것은 병원 운영의 일환으로서 경제적 가치가 있는 활동이므로, 갑이 인터넷에 공개한 사진들과 상담내용이 비록 저작물성이 인정되지 않아 저작권법상의 보호를 받지 못한다고 하더라도 이는 당연히 법적 보호의 가치가 있는 이익에 해당하고, 을이 영리의 목적으로 영업상 경쟁관계에 있는 갑이 노동력과 비용을 들이고 전문지식을 사용하여 환자의 동의를 받아 촬영하고 작성한 사진들과 상담내용을 무단으로 도용해서 사용한 것은 공정하고 자유로운 경쟁원리에 의해 성립하는 거래사회에 있어서 현저하게 불공정한 수단을 사용함으로써 사회적으로 허용되는 한도를 넘어 법적으로 보호할 가치가 있는 영업활동상의 신용 등의 무형의 이익을 위법하게 침해하는 것으로서 평가할 수 있으므로 민법 제750조의 불법행위를 구성한다고 결론 내리고 정신적 손해에 따른 위자료로 2,000만 원을 인정하였다.

03 무림의 고수들이 맞붙은 공유지대첩

판타지 세상을 꿈꾸는
만화 《바람의 나라》와 드라마 〈태왕사신기〉가
공유지(public domain)에서 맞붙었다.
이 사건은 우리나라 두 대형로펌의
자존심을 건 대결이 되었다.
1심에서 만화 《바람의 나라》가 패소하고
다시금 5천만 원의 손해배상청구를 하면서
항소한 사건으로, 결국 실질적 유사성이 부정되어
〈태왕사신기〉의 승리로 끝나게 되었다.

주요판례 3
드라마의 시놉시스가 만화저작물의 저작권을 침해하였다고 인정받기 위해서는 어느 정도의 실질적 유사성이 인정되어야 하나요?
【서울중앙지방법원 2007. 7. 13. 선고 2006나16757 판결】

관련 판결
소설에 등장하는 추상적인 인물의 유형 혹은 어떤 주제를 다루는 데 있어 전형적으로 수반되는 사건이나 배경 등을 드라마에서 차용하는 경우도 저작권 침해가 되나요?
【대법원 2000. 10. 24. 선고 99다10813 판결】

'공유지(public domain)'는 일반적으로 '공유의 영역'이라고 일컫는다. 공유의 영역(public domain)이란? 전통 문화유산 또는 존속기간 만료에 따른 자유 이용이 가능해진 저작물은 누구라도 그 이용이 가능한데 이러한 개방 영역에 있는 부분은 공유 또는 공중의 영역이라고 한다. 공유의 영역에 들어가면 이를 이용한다고 하더라도 의거성이 부정되어 저작권 침해가 인정되지 아니한다. 즉 상대방의 저작물에 의거하여 그것을 이용한 것이 아니라 누구나 이용 가능한 영역에 의거하여 이를 이용한 것이기 때문이다.

드라마 〈태왕사신기〉가 《바람의 나라》를 침범했다?

《바람의 나라》라는 제호의 만화를 저작하여 출판한 만화작가 갑은, 〈태왕사신기〉라는 제목의 드라마 시놉시스(synopsis)를 집필한 드라마 작가 을을 상대로 자신의 승낙 없이 자신의 저작물인 《바람의 나라》에 의거하여 〈태왕사신기〉를 작성하였다고 주장했다. 갑은 이와 관련해 양 작품 사이에 《바람의 나라》의 근본적인 본질 또는 구조인, '사신을 의인화하여 누군가의 수호신으로 설정하고, 각각의 사신 캐릭터들에 대하여 작가만의 독창적이고 개성적인 특성을 부여함으로써 구체적이고 독특하게 개발된 캐릭터와 그 캐릭터들의 상관관계를 통해 부도 또는 신시를 지향한다는 이야기 패턴(전개방식) 및 기타 에피소드' 등을 차용하여, 자신이 《바람의 나라》에 대하여 가지는 저작인격권 중 성명표시권 및 동일성유지권과 저작재산권인 2차적 저작물 작성권을 침해하였다는 이유로 손해배상청구소송을 제기하였다. 【서울중앙지방법원 2007. 7. 13. 선고 2006나16757 판결】

아이디어와 표현의 이분법, 그 구분 기준을 찾아라

먼저 법원은 갑이 《바람의 나라》를 창작하였고, 이는 예술의 범위에 속하는 창작물로서 저작권법에 의하여 보호받을 가치가 있는 창작성을 갖추었다고 할 것이므로, 갑은 《바람의 나라》의 저작권자로서 저작인격권 및 저작재산권을 갖는다고 판단하였다. 이에 따라 저작권 침해를 판단하기 위한 두 가지 요소인 의거관계 및 실질적 유사성 여부에 대하여 검토하였다.

주관적 요건인 의거관계에 있어서는 이를 입증할 직접증거가 없거나 부족한 경우라도 을이 갑의 만화에 대한 접근 기회, 즉 갑의 만화를 볼 상당한 가능성이 있었음이 인정되면 추인될 수 있다고 보고 《바람의 나라》는 만화 및 소설의 영역에 있어서 저명성과 광범위한 배포성을 가지고 있어 을로서도 이를 보거나 접할 구체적인 접근 기회를 가졌다고 판단하여 의거관계를 인정하였다.

문제의 핵심은 객관적 요건인 실질적 유사성 인정여부에 있었다. 이를 판단하기 위한 이론적 전제로서 저작권의 보호대상은 학문과 예술이 사람의 정신적 노력에 의하여 얻어진 사상 또는 감정을 말, 문자, 음, 색 등에 의하여 구체적으로 외부에 표현한 창작적인 표현형식이고, 표현되어 있는 내용, 즉 아이디어나 이론 등의 사상 및 감정 그 자체는 설사 그것이 독창성, 신규성이 있다 하더라도 원칙적으로 저작권 보호대상이 되지 않는 것으로 보았다. 이에 저작권의 침해 여부를 가리기 위해 두 저작물 사이에 실질적인 유사성이 있는가의 여부를 판단함에 있어서 역시 창작적인 표현형식에 해당하는 것만을 가지고 대비해야 한다고 보았다.

소재·주제·이야기 전개·캐릭터 등 실질적 유사성에 의한 비교

또한 법원은 어문저작물에 있어서 서로 다른 두 가지 형태의 유사성을 생각해 볼 수 있는데, 하나는 부분적·문언적 유사성이고 다른 하나는 포괄적·비문언적 유사성인 바, 전자는 저작물 속의 특정한 행이나 절 또는 기타 세부적인 부분이 복제된 경우를 말함에 비해, 후자는 저작물 속의 근본적인 본질 또는 구조를 복제함으로써 두 저작물 사이에 비록 문장 대 문장으로 대응되는 유사성은 없어도 전체적으로 포괄적인 유사성이 있다고 할 수 있는 경우를 말하는 바, 위의 두 가지 유사성 중 어느 하나가 있는 경우에는 실질적 유사성이 있는 경우에 해당한다는 기준을 가지고 〈태왕사신기〉와 《바람의 나라》를 비교하였다.

본격적으로 실질적 유사성을 판단함에 있어 법원은 소재, 주제 등에 있어서의 실질적 유사성, 사신 캐릭터들 사이의 개별적인 유사성, 캐릭터 사이의 상관관계를 통한 이야기 전개, 에피소드 등에 있어서의 유사성이라는 세 가지 영역으로 나누어서 두 작품을 비교 분석하였다.

첫번째, 소재와 주제 등에 있어서의 실질적 유사성 판단에서는 사신개념의 사용에 있어서 누구나 이용할 수 있는 공공의 지적 자산으로 보았다. 두 작품은 사신의 의인화 방법이 확연히 구별되며, 사신을 작품의 소재로 사용하면서 누군가를 수호하는 수호신으로 설정한 표현은 제한된 표현방법 중 하나로서 저작권법의 보호대상이 되지 아니하고, 부도와 신시라는 개념은 공유의 영역에 속하므로 이와 같은 소재는 저작권에 의하여 보호되지 않는 아이디어에 속한다고 보았다.

부도·신시는 아이디어이고 줄거리도 저작권 보호 안 돼

그리고 어문저작물에 있어서 사상이나 주제는 일반적으로 구체성이 없어 저작권법에 의하여 보호되는 표현의 영역에 포함된다고 보기 어려우므로 양 저작물이 실질적으로 유사하다고 보려면, 그 사상이나 주제의 유사성만으로는 부족하고, 나아가 그 사상이나 주제가 구체화되는 사건의 구성 및 전개과정과 등장인물의 교차 등에 공통점이 있어야 한다고 보았다.

따라서 본 사건에서 '주인공 또는 훌륭한 지도자가 주위의 충성스러운 보필자, 조력자의 도움을 받아 그 이상을 추구한다'는 주제 또는 줄거리는 수많은 영웅담에서 나오는 일반적이고 전형적인 주제 또는 줄거리로서 구체성이 결여돼 있으므로 만인이 공유하여야 할 것으로, 이를 저작권법에 의하여 보호되는 표현의 영역 안에 포함시키기는 어렵다고 판단하였다.

두번째, 사신 캐릭터들 사이의 개별적인 유사성 판단에 있어서 법원은 소설 등 문학작품에서의 등장인물은 그 자체로는 저작권에 의하여 보호되는 표현에 해당한다고 볼 수 없으나 구체성, 독창성, 복잡성을 가진 등장인물이거나, 다른 등장인물과의 상호과정을 통해 사건의 전개과정과 밀접한 관련을 가지면 보호되는 표현에 해당할 수 있고, 그 등장인물이 작품에서 차지하는 비중이 클수록 이를 차용하는 경우 실질적 유사성이 인정될 가능성이 높아진다고 보았다.

이 사건에서 현무, 청룡, 백호, 주작 캐릭터는 인물의 전체적인 캐릭터에 관하여 보통 관찰자의 입장에서 1단계 유사성조차 없다고 보거나 1단계 유사성이 인정되는 부분은 일반적이고, 단순하며, 전형적인 캐릭터로서 저작권법에 의하여 보호되지 않는 아이디어에 해당하는 부분에 국한된다고 판단하였다.

역사적 공유지에서 펼친 비극적 결말은 전형적인 플롯

마지막으로 캐릭터 사이의 상관관계를 통한 이야기 전개, 에피소드 등의 유사성 판단에서는 주인공이 심복을 얻는 과정 및 그 심복들이 죽음에 이르는 과정, 흑주작과 난새 이야기 등은 그 표현에 있어서 현저한 차이가 있다거나 단지 아이디어만의 공통성이 존재할 뿐 표현에 있어서의 실질적 유사성이 존재하지 않는다고 보았다. 그리고 외세와의 전쟁이 아닌 점, 주인공이 사랑하는 여자와 관련된 나라와 전쟁을 하게 된다는 에피소드의 유사성 부여에 대해서는 백제와 고구려 등 외세가 아닌 민족 내부의 전쟁은 우리나라의 역사적 사실로서 누구나 소재로 쓸 수 있는 공유의 영역(public domain)에 속하는 것이고, 주인공이 사랑하는 여자와 관련된 나라와 싸워야 한다는 상황에서 딜레마에 빠진다는 이야기는 남녀 간의 애절한 사랑을 주제로 하는 많은 작품의 모티브로서 공공의 지적 자산이라고 보았다. 또한 주인공이 대업을 이루지 못하고 죽음을 맞이하는 비극적 결말은 수많은 문학작품에 나오는 전형적인 플롯이라고 판단하였다.

그러므로 두 작품은 고구려라는 역사적 배경, 사신, 부도, 신시라는 신화적 소재, 영토 확장이나 국가적 이상의 추구라는 주제 등 아이디어의 영역에 속하는 요소를 공통으로 할 뿐, 그 등장인물이나 주변인물과의 관계 설정, 사건 전개 등 저작권에 의하여 보호받는 창작적인 표현형식에 있어서는 실질적으로 유사하지 아니하므로, 을은 바람의 나라에 대한 저작권을 침해하였다고 볼 수 없다는 결론을 내렸다.

《톈산산맥》과 〈까레이스키〉는 의거관계 추정되나 유사성 불인정

이 사건 외에도 소설에 등장하는 추상적인 인물의 유형 혹은 어떤 주제를 다루는 데 있어 전형적으로 수반되는 사건이나 배경 등을 드라마에서 차용했다 하여 저작권 침해가 문제되었던 경우도 있었다. 연해주 이민 한인들의 애환과 생활상을 그린 소설 《톈산산맥》과 드라마 〈까레이스키〉 사이에 생긴 문제다. 결과적으로 말하자면 〈까레이스키〉의 제작시점에 그 연출가가 《톈산산맥》의 존재를 이미 알고 있어서 저작권 침해의 의거관계는 추정되나 〈까레이스키〉는 《톈산산맥》과 완연히 그 예술성과 창작성을 달리하는 별개의 작품으로 실질적 유사성이 인정되지 않았다. 그 이유로 결국 드라마 〈까레이스키〉는 소설 《톈산산맥》의 저작권을 침해하였다고 볼 수 없다는 결론이다. 【대법원 2000. 10. 24. 선고 99다10813 판결】

즉, 소설 《톈산산맥》은 이야기의 구성이 단조롭고 등장인물의 발굴과 성격도 비교적 단순한데 반하여 드라마 〈까레이스키〉는 등장인물의 수나 성격이 훨씬 다양하고 사건의 전개방식도 더 복잡하며 이야기의 구성이나 인물의 심리묘사 등도 보다 치밀했다. 또한 극 전체의 완성도, 분위기 및 기법 등에서도 상당한 차이가 있었다. 특히 드라마 〈까레이스키〉의 등장인물의 설정과 성격, 이야기의 구성, 사건의 전개방식 등에 있어 기본적인 줄거리는 소설 《톈산산맥》의 출간 이전

에 작성된 드라마 〈까레이스키〉 1차 시놉시스 및 방송대본과 크게 다른 점이 없
고, 〈까레이스키〉라는 드라마의 제목이나 양 저작물에서 사랑하는 사람을 그리
워하는 남자 주인공의 모습 등에 관해서도 소설 《텐산산맥》 출간 이전부터 예정
된 줄거리라고 보았다.

캐릭터와 저작권

영화나 드라마의 캐릭터와 만화나 게임의 시각적 캐릭터는 보호받는 저작물이 될 수 있나요? 법원은 둘을 달리보고 있습니다.

"영화나 드라마의 캐릭터에 대해서는 자신만의 독특한 외양을 가진 배우의 실연에 의하여 표현되며 등장인물의 용모, 행동거지, 명칭, 성격, 목소리, 말투, 상황이나 대사 등을 모두 합한 총체적인 아이덴티티(identity)를 말하는 것이어서, 시각적 요소가 모두 창작에 의하여 만들어지는 만화나 만화영화의 캐릭터보다는 소설, 희곡 등 어문저작물의 캐릭터에 가깝다고 할 것이다. 따라서 드라마의 등장인물로부터 위와 같은 속성을 배제한 채 그 명칭이나 복장, 사용하는 소품만을 따로 떼어 낸 캐릭터가 원래의 저작물로부터 독립하여 별도로 저작권에 의하여 보호된다고는 보기 어렵다"라고 보았습니다. 【서울고등법원 2010. 1. 14. 선고 2009나4116 판결】

다만, 소설 등 작품에 등장하는 캐릭터는 구체성, 독창성, 복잡성을 가진 등장인물이거나 다른 등장인물과의 상호과정을 통해 사건의 전개과정과 밀접한 관련을 가지거나 그 등장인물이 작품에서 차지하는 비중이 클수록 보호되는 표현에 해당할 수 있다는 가능성을 열어 놓고 있습니다. 【서울중앙지방법원 2008. 6. 11. 선고 2007가합62777 판결】

반면 만화나 게임의 시각적 캐릭터에 대해서 법원은 "만화, 텔레비전, 영화, 신문, 잡지 등 대중이 접하는 매체를 통하여 등장하는 인물, 동물 등의 형상과 명칭을 뜻하는 캐릭터의 경우 그 인물, 동물 등의 생김새, 동작 등의 시각적 표현에 작성자의 창조적 개성이 드러나 있으면 원저작물과 별개로 저작권법에 의하여 보호되는 저작물이 될 수 있다고 보고 게임물에 등장하는 캐릭터에 창작성이 인정된다면 원저작물인 게임물과 별개로 저작권법의 보호대상이 된다"라고 판시하고 있습니다. 【대법원 2010. 2. 11. 선고 2007다63409 판결】

04 '현실풍자'보다는 '꿈과 희망'에 손들어 주다

내 여동생 죠슬린은 정신이 좀 이상한데,
완전히 백치 같은 지경이다.
나는 그런 죠슬린이 차라리 부럽다.
풀어야 할 수학 문제도 없고, 하루 종일 매를 맞지 않아도
되니까. 난 바보지만 진짜 바보가 아닌 게 한스럽다."

프랑스 작가 쎄르쥬 뻬레즈의 《당나귀 귀》에 나온
열두 살짜리 레이몽의 독백이다.
이번 사건은 위선적인 세상을 풍자한 《당나귀 귀》의
독점적 번역출판권을 가진 갑의 이용허락계약에도
불구하고, 풍자소설의 번역물과 실질적 유사성을 부정하며
'꿈과 희망'에 무게를 두고 창작된 을의 유아동화에
힘을 실어준 판례이다.

주요판례 4　외국의 동화를 번역하여 출판할 수 있는 독점적 번역출판권을 가진 사람은 원저작권자의 저작권이 침해당했다고 주장하면서 원저작권자를 대위하여 침해자를 상대로 침해정지 등을 청구할 수 있을까요?
【대법원 2007. 3. 29. 선고 2005다44138 판결】

관련 판결　영문(英文) 저작물인 원저작물의 내용을 요약한 영문 요약물을 타인에게서 제공받아 한글로 번역한 요약물을 인터넷 웹사이트를 통해 유료로 제공하면 처벌받게 되나요?
【대법원 2013. 8. 22. 선고 2011도3599 판결】

저작권자와의 이용허락계약에 의하여 취득하는 독점적 번역출판권은 독점적으로 원저작물을 번역하여 출판하는 것을 내용으로 하는 채권적 권리이다. 따라서 제3자가 작성한 저작물이 원저작물의 번역물이라고 볼 수 없을 때는 독점적 번역출판권자가 저작권자를 대위하여 그 제3자를 상대로 침해정지 등을 구할 수 없다. 이번 사건은 갑의 풍자소설과 을의 유아동화와의 실질적 유사성을 부정해 을의 동화는 원작소설의 번역물이 아니라고 판단, 갑의 청구를 기각했다.

독점번역출판권자, 원저작권자 대신 침해정지 구할 수 있나?

어린이책 전문출판사를 운영하는 갑은 저작권자인 프랑스의 출판사와 독점번역출판계약을 체결하고 프랑스인 쎄르쥬 뻬레즈의 《당나귀 귀》라는 소설을 번역·출판했다. 그러나 갑은 동화작가 을이 자신이 번역한 소설에서 그 줄거리와 표현들을 베껴 동화를 저술하고 이를 출판하여, 자신의 번역저작권이 침해당하였다고 주장했다. 그리고 을의 동화는 원저작권자의 저작권도 침해하고 있으므로, 갑은 이 사건 소설의 한국어 번역물에 대한 독점번역출판권자로서 원저작권자를 대위하여 을에게 저작권 침해의 금지를 구할 수 있다고 주장하고 있는데 과연 인정될 수 있을까? 【대법원 2007. 3. 29. 선고 2005다44138 판결】

번역저작권의 침해여부, 창작적 표현에 해당하는 것만 대비

먼저 갑의 번역저작권 침해를 판단하는 기준에 대해 살펴보면, 번역저작물의 창작성은 원저작물을 언어체계가 다른 나라의 언어로 표현하기 위한 적절한 어휘와 구문의 선택 및 배열, 문장의 장단 및 서술의 순서, 원저작물에 대한 충실도, 문체, 어조 및 어감의 조절 등 번역자의 창의와 정신적 노력이 깃들은 부분에 있는 것이라고 보았다. 따라서 그 번역저작물에 나타난 사건의 전개, 구체적인 줄거리, 등장인물의 성격과 상호관계, 배경설정 등은 번역저작물의 창작적 표현이라 할 수 없으므로, 번역저작권의 침해여부를 가리기 위해서는 번역저작물의 창작적인 표현에 해당하는 것만을 가지고 대비해야 했다.

원작소설의 창작적 표현에 따른 것일 뿐 실질적 유사성 없어

이에 따라 법원은 갑의 소설과 을의 동화는 주요 인물들의 설정과 상호관계, 상황 설정, 구체적인 줄거리 및 사건의 전개과정, 구체적인 일화 등에 있어서 유사성이 있으나, 이러한 부분들은 프랑스어 원작소설의 창작적 표현이지 번역자에 의하여 새롭게 부가된 창작적인 표현이 아니라고 보았다. 오히려 일부 유사 어휘나 구문이 차지하는 질적 혹은 양적 비중이 미미하고, 갑의 소설은 사회비판 소설로서 청소년 등을 독자층으로 하여 아이의 시각에서 위선적인 세상을 풍자하는 것을 주제로 설정하고 있었다.

반면, 을의 동화는 유아동화로서 아동 등을 독자층으로 삼아 학교에서 집단따돌림을 당하는 학생에게 희망과 꿈을 심어주는 것을 주제로 설정하여 교육성과 단순성 등이 갑의 소설보다 훨씬 강한 관계로, 전체적으로 쉬운 어휘와 구문, 밝은 어조를 사용하여 독자에게 친근감과 안정감을 느끼도록 문장과 문단이 전개되고 있었다. 그 결과 위와 같은 유사 어휘나 구문 등이 배열된 순서나 위치, 그 유사 어휘나 구문이 삽입된 전체 문장이나 문단의 구성, 문체, 어조 및 어감 등에서 갑의 소설과 을의 동화는 상당한 차이를 보이고 있으므로 실질적 유사성이 없다고 보았다.

제3자의 저작물이 원저작물의 번역물이 아니면 침해정지 불가능

독점적 번역출판권자인 갑이 프랑스의 원저작권자를 대위하여 을을 상대로 침해정지 등을 구할 수 있는지 여부에 관하여 법원은 저작권자와 저작물에 관하여 독점적 이용허락계약을 체결한 자는 자신의 권리를 보전하기 위하여 필요한 범위 내에서 저작권자를 대위하여 구 저작권법 제91조에 기한 침해정지청구권 등을 행사할 수 있다고 했다.

구 저작권법 제91조
개정 후 제123조(침해의 정지 등 청구) ① 저작권 그 밖에 이 법에 따라 보호되는 권리(제25조·제31조·제75조·제76조·제76조의 2·제82조·제83조 및 제83조의 2의 규정에 따른 보상을 받을 권리를 제외한다. 이하 이 조에서 같다)를 가진 자는 그 권리를 침해하는 자에 대하여 침해의 정지를 청구할 수 있으며, 그 권리를 침해할 우려가 있는 자에 대하여 침해의 예방 또는 손해배상의 담보를 청구할 수 있다.

하지만 저작권자와의 이용허락계약에 의하여 취득하는 독점적 번역출판권은 독점적으로 원저작물을 번역하여 출판하는 것을 내용으로 하는 채권적 권리이므로, 제3자가 작성한 저작물이 원저작물의 번역물이라고 볼 수 없을 때는 독점적 번역출판권자가 저작권자를 대위하여 그 제3자를 상대로 침해정지 등을 구할 수 없다고 보았다.

본 사안에서도 을의 동화는 프랑스 원작소설과 대비할 때 전체 분량을 대폭 축소하여 등장인물과 일화의 수, 구체적인 줄거리의 세부전개 등을 줄이거나 단순화하고, 등장인물의 직업과 세부적인 성격 및 배경 설정 등을 달리하며 그 주제와 결말을 바꾸는 등 상당한 변경을 가했다. 그 결과 프랑스어 원작소설의 번안물에 해당하는지 여부는 별론으로 하고 그 번역물이라고는 도저히 볼 수 없으므로, 갑이 프랑스어 원작소설의 저작권자를 대위하여 을 동화의 복제·배포 등의 금지 등을 구할 수 없다고 보았다.

원저작물의 번역요약물을 인터넷에서 유료로 제공하면 처벌받을까?

그렇다면 관련 판결로서 영문(英文) 저작물인 원저작물의 내용을 요약한 영문 요약물을 타인에게서 제공받아 한글로 번역한 요약물을 인터넷 웹사이트를 통해 유료로 제공하면 처벌받게 될까 궁금하다. 주식회사의 대표이사인 갑이 영문 저작물인 을의 원저작물의 내용을 요약한 영문 요약물을 제3자인 외국법인에게서 제공받아 한글로 번역한 요약물을 자신의 회사 인터넷 웹사이트를 통해 유료로 제공하는 방법으로 원저작물 저작권자 을의 2차적 저작물작성권을 침해하였다고 하여 저작권법 위반으로 기소된 사안이다. 【대법원 2013. 8. 22. 선고 2011도3599 판결】

번역요약물은 원저작물과 실질적으로 유사한 2차적 저작물에 해당

저작권법 제5조 제1항은 '원저작물을 번역·편곡·변형·각색·영상제작 그 밖의 방법으로 작성한 창작물'을 '2차적 저작물'이라고 규정하고 있으므로, 2차적 저작물이 되기 위해서는 원저작물을 기초로 수정·증감이 가해지되 원저작물과 실질적 유사성을 유지하여야 한다.

따라서 어문저작물인 원저작물을 기초로 하여 이를 요약한 요약물이 원저작물과 실질적인 유사성이 없는 별개의 독립적인 새로운 저작물이 된 경우에는 원저작물 저작권자의 2차적 저작물작성권을 침해한 것으로 되지는 아니하는데, 여기서 요약물이 원저작물과 실질적인 유사성이 있는지는 요약물이 원저작물의 기본으로 되는 개요, 구조, 주된 구성 등을 그대로 유지하고 있는지 여부, 요약물이 원저작물을 이루는 문장들 중 일부만을 선택하여 발췌한 것이거나 발췌한 문장들의 표현을 단순히 축약한 정도에 불과한지 여부, 원저작물과 비교한 요약물의 상대적인 분량, 요약물의 원저작물에 대한 대체 가능성 여부 등을 종합적으로 고려하여 판단하여 볼 때 법원은 갑이 작성한 번역요약물은 원저작물과 실질적으로 유사하여 2차적 저작물에 해당한다고 보았다.

그리고 갑은 원저작물의 내용을 요약한 영문 요약물을 제공한 제3자인 외국법인에 문의하여 받은 영문 요약물이 원저작물의 저작권과는 무관한 별개의 독립된 저작물이라는 취지의 의견을 받았고, 법무법인에 저작권 침해 관련 질의를 하여 번역요약물이 원저작물의 저작권을 침해하지 않는 것으로 사료된다는 취지의 의견을 받았다고 항변하였지만 그러한 사유만으로는 저작권 침해에 대한 고의가 없었다거나 갑이 자신의 행위가 저작권 침해가 되지 않는다고 믿은 데 정당한 이유가 있다고 볼 수 없다는 이유로 유죄를 선고하였다.

05 '왕의 남자'가 쓰는 일상적인 표현

때는 바야흐로 조선시대 연산군 시절이다.
남사당패 광대 장생은 여장 광대 공길과
더 큰 놀이판을 찾아 한양으로 올라온다.
한양에서 연산과 녹수를 풍자하며
놀이판을 벌이던 장생의 놀이패는
왕을 희롱한 죄로 의금부에 끌려 들어간다.
왕을 웃겨 보이겠다는 장생의 호언장담으로
놀이패는 연산 앞에 서게 되고……
이 이야기를 다룬 영화 〈왕의 남자〉
초반부와 마지막 부분에는
"나 여기 있고 너 거기 있어."라는
공길의 대사가 나오는데
이 또한 저작권 분쟁의 소용돌이에 휘말렸다.

주요판례 5   희곡의 저작자가 자신의 희곡에서 사용된 "나 여기 있고 너 거기 있어."라는 대사를 영화에서 무단으로 사용해 자신의 저작권이 침해당했다고 주장하면서 영화 상영을 금지시킬 수 있나요?
【서울고등법원 2006. 11. 14. 자 2006라503 결정】

영화 〈왕의 남자〉의 마지막 부분으로 장님놀이 장면이 나온다. 이때 공길은 장생에게 "나 여기 있고 너 거기 있지."라는 말을 던진다. 과연 이 대사의 운명은 어떻게 되었을까?

"나 여기 있고 너 거기 있어."라는 대사가 법정에 간 이유

희곡 〈키스〉를 저작한 희곡작가 겸 대학교수인 갑은 국내 개봉된 영화 〈왕의 남자〉의 제작사를 상대로 영화 〈왕의 남자〉가 자신의 희곡에서 반복되어 사용된 "나 여기 있고 너 거기 있어."라는 대사를 무단으로 표절하여 사용함으로써 희곡 〈키스〉에 대한 저작권을 침해했다는 이유로 영화상영금지 가처분을 신청을 하였다. 【서울고등법원 2006. 11. 14. 자 2006라503 결정】

희곡 〈키스〉의 반복된 대사는 '소통의 부재'를 의미

먼저 "나 여기 있고 너 거기 있어."라는 대사가 사용된 사실관계를 확인해 보면 희곡 〈키스〉의 제1부에서 주인공 남녀가 서로 떨어져 서 있는 가운데 "나 여기 있고 너 거기 있어."라는 대사를 하고 있다. 희곡 〈키스〉는 '소통의 부재'라는 주제를 효과적으로 나타내기 위하여 이 대사와 이 대사의 변주된 표현들을 치밀하게 배열하여 반복 사용하고 있다.

영화 〈왕의 남자〉의 원작 희곡인 〈이(爾)〉는 말장난, 성대모사, 흉내내기, 재담, 음담패설 등 언어유희를 이용하여 시정을 풍자하고 정치적 비리를 고발했던 조선시대의 소학지희(笑謔之戲)를 통하여 극의 갈등과 인물관계를 전개한다. 영화의 초반부 제8장과 마지막 제83장에서는 조선시대의 광대인 두 주인공 장생과 공길의 장님놀이 장면에서 "나 여기 있고 너 거기 있어."라는 대사가 사용되고 있다.

갑 , 네티즌의 감동과 찬사 등에 따라 창작성 충분하다 주장

갑의 주장에 따르면 이 사건 대사는 관객들에게 공길과 장생에 대한 애환과 슬픔을 유발시키며 관객들을 영화에 한층 더 몰입시키는 중요 대사로 기능한다고 보았다. 이 영화를 본 많은 네티즌들이 감동과 찬사를 보내면서 명대사로 인정하여 신문만평까지 등장할 정도로 영화 전체를 관통하는 주제적 울림을 준다고 했다. 갑은 이러한 주제적 연관성 및 라스트 신의 강렬함, 영화 속 명대사로 선정되는 점 등에 비추어 이 사건 대사는 충분히 그 창작성이 인정되고, 그 비중은 50퍼센트 이상이라고 주장하였다.

희곡 〈키스〉와 영화 〈왕의 남자〉에서 사용된 대사 내용의 실질적 유사성 여부를 판단하기 위해서는 먼저 "나 여기 있고 너 거기 있어."라는 대사의 저작물성부터 판단해야 한다.

어문저작물로서 저작권법에 의하여 보호를 받기 위해서는 우선 그것이 '창작성 있는 표현' 에 해당해야 하고, 또한 저작권 침해를 인정하기 위해서는 주관적 요건으로서 침해자가 저작권 있는 저작물에 의거하여 그것을 이용하였을 것, 객관적 요건으로서 침해저작물과 피침해저작물과의 실질적 유사성이 인정되어야 하며, 특히 어문저작물의 경우에는 작품 속의 특정한 행이나 절 또는 기타 세부

적인 부분이 복제됨으로써 양 저작물 사이에 문장 대 문장으로 대칭되는 부분적 문자유사성뿐만 아니라 작품 속의 본질 또는 구조를 복제함으로써 전체로서 포괄적인 유사성도 감안하여야 한다.

문제의 대사는 일상적 표현으로 창작성 인정할 수 없어

이에 대하여 법원은 "나 여기 있고 너 거기 있어."라는 대사는 일상생활에서 흔히 쓰이는 표현이고 또 시(詩) 등 다른 작품에서도 이와 유사한 표현들이 자주 사용되고 있으므로 저작권법에 의하여 보호받을 수 있는 창작성 있는 표현이라고 볼 수 없다고 판단하였다.

실질적 유사성의 판단에 있어서 법원은 희곡 〈키스〉 제1부에서는 이 사건 대사 및 이 사건 대사의 변주된 표현들을 치밀하게 배치하여 이러한 일련의 표현들의 결합을 통하여 인간 사이의 '소통의 부재'라는 주제를 표현하고 있다고 보았다.

반면, 영화 〈왕의 남자〉에서 사용된 이 사건 대사는 영화대본 중의 극히 일부분(영화대본은 전체 83장으로 되어 있는데, 그 중 2개 장의 일부에 인용되고 있다.)에 불과할 뿐만 아니라, 이 사건 대사는 장생과 공길이 하는 '맹인들의 소극(笑劇)'에 이용되어 관객으로 하여금 웃음을 자아내게 하거나(8장), 영화가 끝난 뒤 엔드 크레딧과 함께 '맹인들의 소극' 장면을 보여줌으로써 관객으로 하여금 영화〈왕의 남자〉가 광대들의 눈을 통하여 조선시대 제10대 왕인 연산군을 둘러싼 갈등과 이로 인한 죽음을 표현하고자 하였던 다소 무거운 이야기에서 벗어나 다시 일상으로 돌아가 웃을 수 있게 만드는 것이었다고 보았다. 그래서 〈왕의 남자〉에서는 이 사건 대사가 '소통의 부재'라는 주제를 나타내기 위한 표현으로 사용되었다고 볼 수 없으므로 양 저작물은 실질적인 유사성이 없다고 판단하였다.

원작자의 고백에도 법원은 저작권 침해에 해당 없다고 결정

영화 〈왕의 남자〉의 원작 희곡인 〈이(爾)〉의 저작자가 희곡 〈이(爾)〉의 2005년
도 공연 팸플릿 중 '밝혀두기' 란에서 "극중 등장하는 장님놀이의 일부는 극작
가이자 서예가인 신청인의 작품 〈키스〉의 일부분을 허락 없이 오마쥬(homage)
한 것이다."라고 기재했을 뿐만아니라 방송국에 출연해 위 영화 중 장님놀이 장
면은 영화와 연극 모두에서 빠질 수 없는 장면으로서, "나 여기 있고, 너 거기 있
지."라며 지팡이를 두드리는 장면은 관객들에게 '웃음과 놀이' 의 진수를 확실
히 각인시켜 주었다. "고 말했다. 또 "이 대사는 극작가 을의 〈키스〉라는 작품에
서 빌려온 것"이라고 밝히고, "영화화되면서 이것이 명시되지 않아 마음에 부담
이 됐다."며 양해를 구한다는 취지의 말을 한 사실도 인정되었다.

하지만 법원은 이에 대해 원작 희곡인 〈이(爾)〉의 저작자의 개인적인 견해에
불과하고, 이를 가지고 영화 〈왕의 남자〉에서도 그런 취지로 이 사건 대사가 사용
되었다고 추정할 수는 없다고 판단하였다.

오마쥬(homage)

'homage'는 '존경, 경의'라는 뜻의 불어로 영화에서 특정 작품의 장면 등을 인용해 해당
작가나 작품에 대한 존경을 표시하는 것을 말한다.

저 작 권 상 식

저작권법 제7조에서 정하는 보호받지 못하는 저작물

1. 헌법 · 법률 · 조약 · 명령 · 조례 및 규칙
2. 국가 또는 지방자치단체의 고시 · 공고 · 훈령 그 밖에 이와 유사한 것
3. 법원의 판결 · 결정 · 명령 및 심판이나 행정심판절차 그 밖에 이와 유사한 절차
   에 의한 의결 · 결정 등
4. 국가 또는 지방자치단체가 작성한 것으로서 제1호 내지 제3호에 규정된 것의
   편집물 또는 번역물
5. 사실의 전달에 불과한 시사보도
   이 규정의 취지는 공익적 목적으로 작성된 저작물의 내용은 일반 국민의 알 권리를
위하여 공개되고 자유로운 이용이 가능하여야 한다는 점을 고려한 것입니다.

자유로운 이용이 가능한 저작물

저작물의 자유이용과 관련하여 우리나라 저작권법은 제23조부터 제35조의 2까지
열거하여 개별적인 저작재산권의 제한에 관한 규정을 두고 있고 한미FTA협정문에
따른 공정이용 조항인 제35조의 3도 새롭게 도입되었습니다.
   그리고 우리나라 저작권법은 저작자 사망 후 70년이 지나 보호기간이 만료된 경우
에는 저작자의 명예를 훼손하지만 않는다면 자유로운 이용이 가능합니다.

01 12개 음으로 수많은 명곡을 탄생시키는 일

음악저작물 '가버린 당신'이 광고방송용 노래
'사랑해요 LG송'에게 표절이 아니냐고 문제를 제기했다.
법원은 '사랑해요 LG송'의 창작성을 인정했고
리듬과 화성이 같아도 가락이 달라 '가버린 당신'과의
실질적 유사성을 인정하지 않았다.
이로써 LG송은 겨우 표절시비에서 벗어날 수 있었다.
어느 날, 음악저작물 '썸데이'도 표절시비에 휘말렸다.
소송을 건 원고의 음악저작물은 창작성이 인정되었고
두 곡 간의 실질적 유사성 또한 인정되어 원고가 승소했다.
결국 '썸데이'는 원고의 2차적 저작물에 해당되어
손해배상을 해야 했다.
문제의 지점이 비슷해 보이지만 결과는 완전히 달랐던
두 판결을 통해서 '표절'을 다시 생각해 본다.

주요판례 6 음악 표절을 판단하는 기준은 무엇인가요?
【서울고등법원 2012. 10. 18. 선고 2011나103375 판결】
관련 판결 【서울중앙지방법원 2012. 2. 10. 선고 2011가합70768 판결】

표절(Plagiarism)을 바라보는 시선은 여러 가지다. 그래서 표절은 법률 용어라기보다는 윤리적 개념으로, 타인의 저작물을 마치 자신의 저작물인 것처럼 공표하는 것을 말한다. 타인의 저작물을 무단으로 이용한다는 점에서는 저작권 침해와 유사하지만, 반드시 일치하는 것은 아니다. 예컨대 저작권법상 저작물로 보호받지 못하는 아이디어를 표절하거나 보호기간이 만료된 저작물을 표절하는 경우 등은 저작권 침해는 아니지만, 표절에는 해당한다.(저작권 기술 용어사전, 2013., 한국저작권위원회) 특히 음악저작물에서 표절을 판단하는 기준은 여타의 다른 저작물에서와는 또 다른 특징을 가지고 있다. 어쨌든 12개의 음으로 오랜 역사를 거슬러 그 많은 명곡들을 탄생시킨 음악가들을 생각하면 대단한 일이 아닐 수 없다.

'가버린 당신'이 '사랑해요 LG송'에게 표절을 주장하다

음악저작물인 '가버린 당신'의 작곡자 갑은 '사랑해요 LG송'이 1987년 크게 유행한 '가버린 당신'의 모티브 및 앞 네 마디('솔미미미-라파파파-솔솔라솔레파-미' 부분)를 그대로 표절한 것이라며 대기업 을을 상대로 손해배상청구 소송을 제기하였다. 【서울고등법원 2012. 10. 18. 선고 2011나103375 판결】

'사랑해요 LG송'은 광고방송용 노래로서 여성 솔로로 가창된 것, 합창으로 가창된 것, 첼로와 록밴드로 연주된 것, 신디사이저로 연주된 것 등 16개의 다른 버전으로 만든 후, 1995년부터 1998년까지 방송 등을 통해 을 그룹의 광고에 사용하였고 2008년경부터 이 사건 소송 제기 무렵까지 다시 광고에 사용되었다.

LG송은 창작성 충분 … '가버린 당신'에 대한 의거성도 인정 가능해

음악저작물에 대한 저작권의 침해가 되기 위해서는 침해자가 저작물을 이용하였을 것, 즉 창작적 표현을 침해하였을 것, 침해된 저작물에 '의거'하여 이를

이용하였을 것, 두 저작물 사이에 실질적 유사성이 있을 것이라는 세 가지 요건
이 충족되어야 한다.

　법원은 '사랑해요 LG송'이 저작권법상 보호받을 만한 창작성이 있고, '가버
린 당신'은 1987년에 발표되어 방송매체를 통해 널리 알려졌으며, 그로부터 약
6년 이상 경과한 1994년에 '사랑해요 LG송'이 작곡된 점 등을 참작하여 LG송
을 작곡한 작곡가는 '가버린 당신'을 접할 상당한 가능성이 있었음을 충분히 인
정할 수 있으므로 의거성도 추인할 수 있다고 보았다.

음악저작물은 가락·리듬·화성 세 가지의 선택·배열로 이뤄진 구조

　그렇다면 두 저작물 사이에 실질적 유사성이 있는지가 가장 중요한 쟁점이다.
음악저작물은 일반적으로 가락(melody, 선율), 리듬(rhythm), 화성(chord)의
세 가지 요소로 구성되고, 이 세 가지 요소들이 일정한 질서에 따라 선택·배열됨
으로써 음악적 구조를 이루게 된다. 그런데 음악저작물의 경우 인간의 청각을
통하여 감정에 직접 호소하는 표현물로서, 12개의 음을 이용하여 이론적으로는
무수히 많은 배합을 구성할 수 있으나 사람의 가청범위나 가성범위 내에서 사람
들이 선호하는 감정과 느낌을 불러일으킬 수 있는 음의 배합에는 일정한 한계를
가질 수밖에 없다는 점도 음악저작물의 실질적 유사성을 판단함에 있어 참작해
야 한다고 보았다.

가락만 다른 LG송은 '가버린 당신'과는 별개의 독립적 저작물

　또한 비록 문제의 대비 부분은 '가버린 당신'의 도입부 네 마디와 '사랑해요
LG송' 중 일부분에 불과하나 음악저작물 중 일부분이라 할지라도 그 부분만으
로도 사람의 감정을 표현한 것으로서 다른 부분과 독립하여 보호받을 가치가 있
고 전체 음악저작물 중 중요한 부분에 해당할 경우에는 침해의 대상이 되며, 음

악저작물의 일부 음만을 변경한 경우에도 변경된 음의 양적 범위뿐만 아니라 어느 음을 어떻게 변경하였는지, 그러한 음의 변경으로 선율의 흐름이 어떻게 바뀌었는지, 이에 따라 다음에 전개될 악곡 부분에는 어떠한 영향을 미쳤는지, 그와 같은 변경으로 곡을 듣는 사람의 감정은 어떻게 달라졌는지도 함께 판단해야 한다고 보았다.

본 사건에서 법원은 음악저작물에 있어서 저작권법에 의해 보호받은 표현에 해당하지 않는 조(調), 기교적으로 가미될 수 있는 리듬 및 강약을 제거하고 c장조로 변경한 악보를 기준으로 대비하여 결론적으로 화성과 리듬에 있어서는 동일하지만 가락은 실질적으로 동일하다고 볼 수 없고 가락의 차이 때문에 '가버린 당신'의 일부분을 이용하였다 하더라도 실질적 유사성이 없는 전혀 별개의 독립적인 저작물이라고 판단하였다.

<드림하이> OST '썸데이'의 후렴구는 과연 표절인가?

관련 판결로는 작곡가 A가 KBS 2TV 드라마 <드림하이>의 OST 수록곡 '썸데이'를 작곡한 B를 상대로 자신이 작곡한 음악저작물의 일부를 표절하였다며 손해배상청구소송을 제기한 사건이 있다. 【서울중앙지방법원 2012. 2. 10. 선고 2011가합70768 판결】

앞서 살펴본 음악저작물에 대한 저작권 침해의 세 가지 요소를 기준으로 판단해 보면, 먼저 A의 음악저작물 후렴구이자 도입부의 첫 네 마디가 창작성이 있는지에 대해서 B는 음악저작물이 그 이용 가능한 소재에 한계가 있어 매우 보편적인 음이나 화음의 연속, 리듬의 설정 등은 공유되어야 할 것이므로, 대비 부분인 문제의 네 마디는 대중들에 의해 일반적으로 공유되어온 관용구에 불과함에 따라 그 부분은 저작권법에 의해 보호되지 않는다고 주장하였다.

법원, B의 음악저작물은 A의 음악저작물에 대한 의거성이 존재함을 인정

이에 대해 법원은 음악저작물의 창작성은 이를 구성하고 있는 개별음의 고저(pitch), 음의 장단(duration)의 복합적인 연속으로서 가락, 화음 및 리듬에 독자적인 감정의 표현을 담고 있는지 여부에 의해 판단되어야 하는 바, A가 다른 음악저작물에 의거하여 작곡함으로써 스스로 타인의 저작권을 침해하였다거나, 오랫동안 수많은 음악저작물에 사용되고 일반 대중들에게 노출되어 공유의 영역이 되었다는 등의 사정이 인정되지 않는 이상, 남의 것을 모방하지 않고 자신의 독자적인 감정의 표현을 담고 있다는 의미에서 저작권법상 창작성이 인정된다고 보았다.

두 번째 요소인 의거성 판단에 있어서는 A의 음악저작물이 담긴 음반은 2005년경 공표되어 판결 시까지 약 7년간 음반 시장 및 음원제공 사이트 등을 통해 유통되고 방송매체에 노출되어 온 사실을 통해 추상적인 의미의 '접근 가능성'이 있기에 B의 음악저작물은 A의 음악저작물에 대한 의거성이 존재함을 인정했다.

B곡을 지배하는 후렴구는 A저작물에 기초한 2차적 저작물에 해당

마지막 요소인 실질적 유사성 판단에서 법원은 실질적 유사성 여부 판단을 위해서는, 음악 저작물의 구성요소인 가락의 동일·유사성을 첫째로 고려하여야 하고, 나아가 화음, 리듬, 박자, 템포 등의 요소에 대하여도 고려하여야 하며, 특히 가락을 비교하기 위해서는 가락의 동일성을 일정하게 정리된 음열(phrase) 단위로 비교한 후 그 비교 결과를 종합하여 판단하여야 한다고 보았다. 그 결과 이 사건 대비 부분은 가락이 거의 같다고 할 수 있을 만큼 유사하고, 화음과 리듬은 서로 같다고 판단하였다. 그리고 그 대비 부분은 B 음악저작물의 후렴구이자 도입부로서 총 86마디 중 20마디에 걸쳐 반복되고 있고 음악저작물의 후렴구는 주도적으로 전체곡의 성격을 지배하는 부분이므로 B의 음악저작물은 A의 음악저작물과 동일·유사한 부분을 기초로 하여 작성된 2차적 저작물이라고 보았다.

추가적으로 B는 약 17년간 지속적인 활동을 해온 대중음악가로서 대중음악계의 특성을 잘 알고 있고 두 음악저작물이 수록된 음반은 모두 국내에서 제작되어 공표되었고 각 공표된 시점의 차이가 약 6년 정도에 불과하므로 B에게 적어도 자신이 작곡한 음악저작물이 무의식적으로나마 타인의 저작권을 침해하는 것이 아닌지 여부를 확인하여 이를 방지할 주의의무를 다 하지 못한 과실이 인정된다고 보았다.

B의 저작권 침해로 곡의 대비 부분만큼 비례하여 손해배상

그리고 손해배상액수에 대해서 살펴보면 최초 A는 자신의 승낙을 얻지 않은 채 자신의 음악저작물의 2차적 저작물을 작성하여 공표하면서 원저작권자가 자신이라는 점을 표시하지 않았으므로, 2차적 저작물작성권 침해로 인한 손해배상의 일부로서 6,000만 원 및 성명표시권 침해로 인한 손해배상으로서 5,000만 원 등 합계 11,000만 원을 청구하였다.

이에 대해 법원은 B가 음악저작물과 관련하여 저작권협회로부터 실질적으로 분배받은 금원 약 80,292,834원을 기준으로 문제의 대비 부분이 B의 음악저작물을 차지하는 비중(20마디/86마디)만큼 비례하여 금 18,672,752원을 2차적 저작물작성권 침해로 인한 배상액으로 정하였고, 성명표시권 침해로 인해 배상해야 할 손해액은 금 300만 원으로 정하였다.

02 저작인격권은 DNA를 보호한다

아무리 상업성이 강한 저작물일지라도
당사자 사이의 계약에 의하여
실제로 제작하지 아니한 자를 저작자로 할 수는 없다.
이는 실제로 저작물을 창작한 자에게만
저작인격권인 공표권 외의 성명표시권과 동일성유지권을
인정하고 있는 이유이다.
아무리 예뻐지려는 욕구가 솟구치고
성형 유혹이 많은 시대에 살고 있지만
그 사람의 DNA를 바꿀 수 없듯이
저작인격권의 기본은 저작자 일신에 전속됨으로써
그런 본질적인 DNA를 보호한다.

주요판례 7 원곡의 일부를 발췌, 변환하여 미리듣기 서비스나 휴대폰 벨소리 또는 통화연결음 서비스를 제공하는 경우 원곡자의 저작권을 침해하는 것인가요?
【서울고등법원 2008. 9. 23. 선고 2007나70720 판결】

인터넷상의 음악사이트 운영자 갑이 음악저작물에 관한 웹페이지 또는 음원 서비스의 각종 창 내지 화면 등에 적정한 방법으로 작사 · 작곡가 을의 성명을 표시하지 아니한 경우, 저작자 을의 성명표시권을 침해하는 것이 될까? 그리고 인터넷상의 음악사이트 운영자 갑이 을의 음악저작물을 절단, 발췌, 변환, 저장 하여 인터넷 이용자들에게 미리듣기, 통화연결음, 휴대폰 벨소리 등의 음원서비 스를 제공하는 경우, 저작자 을의 동일성유지권을 침해하는 것인가? 【서울고등법 원 2008. 9. 23. 선고 2007나70720 판결】

음악사이트에서 성명도 표시 안 하고 음원서비스를 제공

성명표시권 침해 여부에 대하여 갑은 인터넷 이용자들은 저작자를 을이 아닌 다른 사람으로 인식할 가능성이 거의 없을 뿐만 아니라 갑의 웹페이지는 한정된 공간을 갖고 있을 뿐이어서 악곡의 작사·작곡가를 표시하기가 여의치 아니하 고, 해당 음악을 클릭함으로써 창이 열리는 '가사보기 박스'는 해당 음악사이트 의 운영자가 아닌 인터넷 이용자들이 임의로 작성한 것으로서, 여기에 작사·작 곡가가 표시되지 않았다고 하더라도 이는 갑의 행위에 의한 것이 아니므로 책임 을 지지 아니한다고 주장하였다.

유독 을의 성명표시가 여의치 않았다는 갑의 항변은 기각

이에 대해 법원은 저작자의 성명표시권을 보호하는 취지는 인터넷 이용자들 의 인식 여하를 불문하고 적정한 방법으로 저작자의 성명이 표시되도록 하는 것 이므로, 인터넷 이용자들이 이 사건 음악저작물에 관한 저작자를 을이 아닌 다 른 사람으로 인식할 가능성이 적은지 여부 등의 사정이 갑의 성명표시권 침해 여부에 어떠한 영향을 미칠 수는 없다 할 것이라고 했다. 또한 갑이 운영하는 음 악사이트의 웹페이지에 이 사건 음악저작물의 가수의 성명, 음반제작자의 명칭

등이 다양한 방식으로 표시되어 있는 점 등에 비추어 보면, 유독 이 사건 음악저작물의 작사·작곡가인 을의 성명을 표시하는 것만이 웹페이지의 공간상 곤란하다고 볼 수도 없으며, 나아가 인터넷 음악사이트에서 통용되는 가사보기 박스 등을 사이트 운영자인 갑이 직접 관리하면서 작사·작곡가인 을의 성명을 표시할 수도 있다 할 것이라고 보아 갑의 항변을 받아들이지 아니하였다.

원곡에 대한 표현형식의 변경은 동일성유지권 침해에 해당된다

그리고 법원은 먼저 '미리듣기 서비스'에 대해 을의 원곡을 스트리밍 방식으로 전송, 재생하는 과정에서 갑이 의도적으로 기술적 조치를 걸어 한정된 시간 동안 원곡의 일부만을 실시간으로 재생되도록 하였기 때문에 이 사건 음악저작물에 대한 표현형식의 변경에 해당, 동일성유지권 침해를 인정하였다. 또한 '통화연결음, 휴대폰 벨소리 서비스'에 대해서는 갑이 저작자인 을의 동의를 받지 아니한 채 제공한 통화연결음, 휴대폰 벨소리 서비스는 원곡 일부를 그 의사에 반하여 부분적으로 발췌하여 음악파일로 변환·저장시킨 다음, 그와 같은 음악파일을 해당 서비스의 구매자에게 전송하는 것으로서 동일성유지권 침해에 해당한다고 보았다.

갑의 행위는 저작자의 이의권 제한에 해당하지 않아

갑은 자신의 행위가 구 저작권법 제13조 제2항 제3호 "그 밖에 저작물의 성질이나 그 이용의 목적 및 형태 등에 비추어 부득이하다고 인정되는 범위 안에서의 변경"에 해당한다고 주장하였다. 그러나 법원은 제3호에 대하여도, 앞의 제1호, 제2호의 경우에 준할 정도로 이를 엄격하게 해석해야 할 것이라고 했다. 따라서 제3호 소정의 "저작물의 성질, 이용목적 및 형태에 비추어 부득이하다고 인정되는 범위"에 있어서 '부득이하다'고 함은, 저작물 이용에 있어 기술상의 한계나 실연자의 능력상의 한계 등으로 인해 저작물을 변경하여 이용하는 것이 불가피한 경우로서 저작자의 이의 유무가 그 이용 형태에 어떠한 영향을 미칠 수 없어 이를 굳이 보장할 필요가 없거나 중대한 공익상의 필요에 의해 저작자의 이의권을 부득이 제한하여야 하는 경우를 의미한다고 해석함이 상당하다고 보았다. 그래서 저작물의 무단이용자가 거래실정상의 필요만을 이유로 저작자의 동의를 얻지 아니한 채 임의로 저작물의 일부를 절단하여 이용하는 경우까지 여기에 해당한다고 볼 수는 없다고 결론지었다.

구 저작권법 제13조 제2항

"저작자는 다음 각 호의 1에 해당하는 변경에 대하여는 이의할 수 없다. 다만, 본질적인 내용의 변경은 그러하지 아니하다."라고 규정하고 있고, 그 세부항목으로서 "1. 제23조의 규정에 의하여 저작물을 이용하는 경우에 학교교육의 목적상 부득이하다고 인정되는 범위 안에서의 표현의 변경 2. 건축물의 증축, 개축 그 밖의 변형 3. 그 밖에 저작물의 성질이나 그 이용의 목적 및 형태에 비추어 부득이하다고 인정되는 범위 안에서의 변경"을 들고 있다.

구 저작권법 제13조 제2항 제3호

현재는 제5호에 규정되어 있다.

동일성유지권

저작권법 제13조 제1항은 "저작자는 그의 저작물의 내용 · 형식 및 제호의 동일성을 유지할 권리를 가진다." 라고 규정해 저작자에게 동일성유지권을 명시하였습니다. 이는 저작인격권의 일종으로서 타인이 함부로 저작물을 변경하지 못하도록 해 저작자의 정신적 이익을 보호하고자 하는 권리입니다.

따라서 저작물의 동일성을 해치지 않는 범위 내에서 단순히 오 · 탈자를 수정하거나 문법에 맞지 않는 부분을 교정하는 정도를 넘어서 저작물의 내용, 형식 및 제호에 대한 추가, 삭제, 절단, 개변 등의 변경을 가하는 것은 동일성유지권을 갖고 있는 저작자만이 할 수 있고, 원칙적으로 제3자는 저작자의 동의를 받지 아니한 채 그 의사에 반하여 위와 같은 변경을 할 수 없습니다.

그러므로 이 사건에서도 갑은 잠재적 구매자에게 제공할 미리듣기 서비스의 시간을 어느 정도로 설정할 것인지와 일부만을 재생시키는 경우에도 어느 부분을 제외하고 어느 부분을 샘플로서 제공할 것인지, 통화연결음, 휴대폰 벨소리의 음악파일에 발췌, 수록할 음악 부분을 전체 중 어느 부분으로 하고 그 길이를 어느 정도로 할 것인지 등에 대하여 을의 사전 동의를 받았어야 합니다.

03 "난 알아요."를 외친 그가 진짜 몰랐던 것

한국음악저작권협회(이하 협회)는 회원인
음악저작자들의 공연·방송권, 전송권, 복제권을
관리해 주며, 음악저작물을 사용하는 사람들로부터
사용료를 징수하고 분배규정에 의거하여 회원들에게
사용료를 분배하는 형태로 운영하고 있는 사단법인이다.
1990년대 초반 가요계의 판도를 바꿔놓았던
아이돌 그룹의 멤버였던 인기가수가
음악저작권자의 권리와 이익을 생각하는 협회와
어떤 분쟁에 휘말렸는지 그 속으로 들어가 보자.

주요판례 8 한국음악저작권협회와 음악저작물의 저작자 사이에 저작
물 사용료 분배금 분쟁은 어떻게 해결해야 하나요?
【서울고등법원 2013. 1. 16. 선고 2012나57455 판결】

인기가수 갑은 음악저작권 신탁관리업을 영위하는 비영리법인인 한국음악저작권협회와 음악저작물에 관한 저작재산권을 계약기간 중 신탁재산으로 협회에 이전했다. 협회는 그 저작물의 이용허락 기타 그 저작재산권 등을 관리하고 이로 인해 얻어진 저작물 사용료 등을 분배하기로 하는 저작권 신탁관리계약을 체결했다. 그러나 신탁계약기간 중 갑은 협회에게 갑의 저작물을 일부 변경하여 노래를 만든 을에게 저작물의 사용허락을 해 주지 말 것과 노래의 방송금지 등 법적 조치를 취해 줄 것을 수차 요청했다.

그렇지만 협회는 뚜렷한 법적조치를 취하지 않다가 갑의 동의가 없었음에도 을에게 갑의 저작인격권을 침해하여서는 아니된다는 조건을 붙여 저작물의 사용을 허락해 주었고 그로부터 침해저작물의 경우에 준한 사용료를 지급받자 갑은 신탁계약을 해지한다는 의사를 표시했다.

갑의 신탁계약 해지 후 협회가 저작물 사용자들로부터 받은 사용료는?

이때 갑의 입장에서는 저작권 신탁관리계약 해지에도 불구하고 협회가 자신의 음악저작물 사용자들로부터 사용료를 지급받았다면 저작권사용료 분배 청구를 해야 할까, 아니면 법률상 원인 없이 저작물 사용료 상당의 부당이득을 취했다는 이유로 부당이득반환 청구를 해야 할까? 이는 계약기간 중 관리저작물 중 일부에 대한 신탁종료가 음악저작물 사용료에 영향을 미치지 아니하는 이른바 '블랭킷'이라는 사용료 징수방식의 법률적 해석이 문제된 사안이다. 【서울고등법원 2013. 1. 16. 선고 2012나57455 판결】

협회는 법정신탁의 수탁자로서 사용료 분배금 지급 의무 있어

결론을 먼저 말하자면 법원은 부당이득반환청구가 아닌 저작권 사용료 분배 청구를 해야 한다고 보았다. 이 사건 신탁관리계약이 갑의 해지통보로 해지되었음에도 불구하고, 갑의 음악저작물에 대한 저작재산권이 갑에게 이전되기 전까지는 협회가 음악저작물에 대한 저작재산권자 겸 귀속 권리자인 갑을 위한 법정 신탁의 수탁자로서 갑의 음악저작물을 계속 관리할 의무를 부담하기 때문이다. 또한 거기서 발생하는 신탁수익을 갑에게 반환할 채무를 부담하므로, 협회는 갑에게 갑에 대한 분배금의 지급을 중단한 날로부터 갑의 음악저작물에 대한 저작권이 이전되기 직전까지의 기간에 대한 신탁수익 내지 그에 상당한 저작물 사용료에 관한 분배금을 지급할 의무가 있다고 판단했다.

저작물 사용계약은 '블랭킷 방식'으로 부당이득반환청구는 아냐

그러나 부당이득반환청구 여부에 대해서는 부정적으로 판단했다. 이유는 협회와 음악저작물 사용자들 사이에 체결되는 저작물 사용계약은 통상 '블랭킷 방식'에 의한 포괄이용 허락계약의 형태를 취하고 있어, 당사자 사이의 별도 특약이 없는 한 협회가 신탁 받아 관리하는 모든 음악저작물이 저작물 사용계약의 대상이 되는 것이기 때문이다.

따라서 협회가 관리하는 음악저작물 내지 음악저작물 사용자들이 사용계약에 의하여 적법하게 사용할 수 있는 음악저작물은 사용계약기간 중 증감·변동하는 유동적인 것이다. 그리고 협회와 음악저작물 사용자들이 사용계약기간 중 협회의 관리저작물의 증감과 무관하게 사용료를 고정하기로 약정한 결과, 계약기간 중 협회의 관리저작물의 수가 증가하더라도 음악저작물 사용자들은 추가 사용료를 납부할 의무가 없고, 같은 맥락에서 반대로 협회의 관리저작물의 수가 감소하더라도 음악저작물 사용자들은 협회에 대하여 사용료의 감액을 요구할 권리가 없다.

이처럼 저작물 사용계약상 대상저작물의 범위 및 사용료에 관한 위와 같은 방식의 합의는 음악저작물의 생산적이고 효율적인 이용을 위한 집중관리 제도의 취지에 부합하고, 사용계약 관계를 간명하게 규율하기 위한 것으로서 그 합리성도 인정된다고 보았다.

증감 · 변동과 무관한 관리저작물에 대한 대가로서 합리성 인정

그에 따라 신탁관계가 종료되어 협회의 관리저작물에서 제외되었다면 그에 연동하여 당연히, 그리고 자동으로 갑의 음악저작물은 저작물 사용계약이 대상으로 하는 음악저작물 목록에서 제외되고, 이후 협회의 관리저작물에서 갑의 음악저작물이 제외되었음에도 불구하고 협회가 계속하여 음악저작물 사용자들로부터 동일한 금액의 사용료를 수령했다고 하더라도, 이는 협회와 음악저작물 사용자들 사이의 합의로 저작물 사용관계를 간명하게 처리할 목적으로 사용계약 기간 중 관리저작물 변동과 무관하게 사용료를 고정시킨 것에 기인한 부분이다.

따라서 갑의 음악저작물을 제외한 나머지 관리저작물에 대한 대가로 봄이 상당하고, 협회가 그 중 일부를 갑의 음악저작물에 대한 사용료 명목으로 지급받은 것으로 볼 것은 아니라고 하여 부당이득이 될 수 없다고 보았다.

저작권 사용료의 결정

협회가 음악저작물 사용자들로부터 지급받는 저작물 사용료는 사용된 음악저작물의 수나 그 사용횟수에 비례하는 것이 아닙니다. 이는 이른바 '블랭킷(blanket) 방식'에 의하여 음악저작물 사용자들의 수입 또는 매출액에 일정한 비율의 사용료율과 조정계수 등을 곱하여 산출한 금액을 협회의 관리저작물 일체의 사용에 관한 저작물사용료로 지급받고, 계약기간 중 관리저작물이 추가되더라도 그에 대한 사용료를 추가로 지급받지 아니합니다. 또 관리저작물 중 일부에 대한 신탁이 종료되더라도 음악저작물 사용자들이 지급해야 할 저작물 사용료 중 위와 같은 음악저작물 사용료가 공제되지 않는 결정 방식을 취하고 있습니다.

저작물 사용료의 분배

협회가 저작물 사용료를 분배하는 방식을 보면 갑을 포함한 저작권 신탁자들의 명단과 신탁 받은 음악저작물에 대한 정보를 데이터베이스화하여 전산으로 관리하고, 데이터베이스에 등록되어 있는 음악저작물에 대하여 자동화된 사용료분배 프로그램에 의해 방송 횟수, 소요시간, 지역, 실제 연주 여부 등을 기준으로 '분배점수'를 산정하고, 음악저작물 사용자들로부터 징수한 저작물 사용료를 분배점수에 따라 저작권 신탁자들에게 안분하여 지급하는 방식입니다.

갑은 자신의 저작물이 협회의 관리저작물 목록에서 제외되었음에도 협회가 저작물 사용자들로부터 동일한 사용료를 받고 있었으므로 자신의 저작물 사용대가가 포함되었을 것이라고 주장하면서 부당이득청구를 했습니다. 하지만 이는 '블랭킷' 방식에 따라 사용료가 책정되는 나머지, 관리저작물 변동과 무관한 사용료 금액 결정에 기인한 것일 뿐 부당이득이 될 수는 없다는 점을 명확히 한 사건입니다.

04 왜 영화음악을 OST라고 부르는지

영화음악은 일반적으로 OST라고 한다.
오리지널사운드트랙(Original Sound Track)의 약자다.
영화음악은 일반 음악과 달리 CD에 수록될 때
영화에 사용되는 음악뿐 아니라
대사와 바람 소리, 파도 소리 등 많은 효과음 또한
수록한다는 의미로 OST라고 불린다.
영화음악에 대한 정의는 여러 가지가 있지만
영화음악에서 가장 핵심 요소는 바로
음악이 영상을 도와줘야 한다는 것이다.
음악의 영상화를 허락하는 경우 영화와 함께
재생되는 것이 가능하도록 한
저작권법 제99조 제1항의 영상화 입법취지와
일맥상통하는 부분이다.

주요판례 9 음악저작물을 영화에 사용하여 제작하는 것에 대해서는
음악저작권자로부터 허락받았지만 그 외에 영화관이나 그
부대시설에서 영화를 상영하거나 영화에 삽입된 음반을
이용 허락을 받지 않고 재생하면 이는 음악저작권자의 공
연권을 침해한 것인가요?
【서울중앙지방법원 2013. 5. 23. 선고 2012가합512054 판결】

한 편의 영화를 보고 나면 여러 여운이 남는다. 관능적인 주인공의 모습이 기억에 남거나, 마지막 장면의 음악이 귓가에 맴돌 때도 있다. 영화음악을 OST라고 부른 이유처럼 우리는 음악의 영상화에서 영화음악의 존재 이유를 찾기도 한다.

을의 영화음악이 삽입된 영화상영·음반재생은 공연권 침해인가?

갑은 다수의 영화상영관을 운영하면서 영화상영을 하는 회사이다. 갑이 상영한 영화들 중에서 일부는 영화제작자들이 영화음악으로 을의 음악저작물을 이용허락 받아 제작에 사용하였다. 그러나 을은 영화상영관에서 영화를 상영하거나 그 부대시설에서 영화의 일부를 상영 또는 영화에 삽입된 음반을 재생하는 것은 모두 저작권법상 공연에 해당하므로, 갑은 을로부터 위와 같은 음악저작물의 공연에 대하여 저작권법에 의한 이용허락을 받아야 한다고 주장했다. 그리고 아무런 이용 허락을 받지 않고 영화관이나 그 부대시설에서 영화를 상영하거나 영화에 삽입된 음반을 재생하였는 바, 음악저작권자인 을의 공연권을 침해한 것이므로 손해를 배상하라고 주장하였다. 【서울중앙지방법원 2013. 5. 23. 선고 2012가합 512054 판결】

갑, 저작물 영상화에 특약 없으면 별도 공연사용료 지급의무 없어

갑은 저작권법 제99조 제1항 제2호에 의하면 저작재산권자가 저작물의 영상화를 다른 사람에게 허락한 경우에 특약이 없는 때에는 영상저작물을 공개 상영할 수 있는 권리를 포함하여 허락한 것으로 추정되는 바, 을과 영화제작자들 사이에 위 조항과 다른 내용의 특약이 없었으므로, 결국 영화제작자들이 을로부터 음악저작물을 영화에 이용하는 것에 대하여 받은 허락에는 음악을 복제하는 것뿐만 아니라 공연하는 것도 포함되어 있다 할 것이어서 갑은 을에게 별도의 공연사용료를 지급할 의무가 없다고 항변하였다.

제99조(저작물의 영상화) ① 저작재산권자가 저작물의 영상화를 다른 사람에게 허락한 경우에 특약이 없는 때에는 다음 각 호의 권리를 포함하여 허락한 것으로 추정한다.
1. 영상저작물을 제작하기 위하여 저작물을 각색하는 것
2. 공개상영을 목적으로 한 영상저작물을 공개상영하는 것
3. 방송을 목적으로 한 영상저작물을 방송하는 것
4. 전송을 목적으로 한 영상저작물을 전송하는 것
5. 영상저작물을 그 본래의 목적으로 복제 · 배포하는 것
6. 영상저작물의 번역물을 그 영상저작물과 같은 방법으로 이용하는 것
② 저작재산권자는 그 저작물의 영상화를 허락한 경우에 특약이 없는 때에는 허락한 날부터 5년이 경과한 때에 그 저작물을 다른 영상저작물로 영상화하는 것을 허락할 수 있다.

법원, 영상저작물은 종합예술로서 그 대상에 음악저작물도 포함돼

먼저 저작권법 제99조 제1항이 음악저작물에도 적용되는지 여부에 대해서 법원은 저작권법 제2조 제1호에서 저작물을 '인간의 사상 또는 감정을 표현한 창작물'로 규정하고 있는 바, 위 규정에 의하면 저작권법 제99조 제1항의 저작물을 어문저작물로만 한정하여 해석할 아무런 근거가 없다고 보았다. 또 저작권법 제100조 제1항은 "영상제작자와 영상저작물의 제작에 협력할 것을 약정한 자가 그 영상저작물에 대하여 저작권을 취득한 경우 특약이 없는 한 그 영상저작물의 이용을 위하여 필요한 권리는 영상제작자가 이를 양도받은 것으로 추정한다."라고 규정하면서 같은 조 제2항에서는 "영상저작물의 제작에 사용되는

소설·각본·미술저작물 또는 음악저작물 등의 저작재산권은 제1항의 규정으로 인하여 영향을 받지 아니한다."라고 규정했다.

따라서 음악저작물도 소설, 각본 등의 어문저작물과 마찬가지로 영상화의 대상이 됨을 전제로 하고 있는 점, 저작권법 제99조 제1항의 저작물의 범위를 어문저작물로만 한정하고 음악저작물을 제외하게 된다면, 영화의 제작단계에서 개별 저작권자들로부터 이용허락을 받았다고 하더라도 그 상영을 위하여 별도로 모든 저작권자들의 허락을 받아야 하는 문제가 발생하므로 영상저작물에 대하여 종합예술로서 특성을 살리고 그 이용의 원활을 기하고자 하는 위 조항의 입법취지가 크게 훼손되는 점 등을 고려하여 보면, 저작권법 제99조 제1항의 저작물에는 음악저작물도 포함된다고 해석하였다. 그리고 저작권법 제99조 제1항은 음악저작물이 영화의 주제곡이나 배경음악 그 밖의 어떤 형태로든 영상화된 경우 그 적용이 있다고 보았다.

영화제작자, 이용허락계약을 체결한 이유는 복제·공연에 있어

그렇다면 저작권법 제99조 제1항에 따라서 특별한 약정이 없는 이상 저작재산권자로부터 저작물의 영상화를 허락받은 경우 설령 영상저작물을 상영하는 것이 해당 저작물의 공연에 해당한다 하더라도 별도의 공연사용료를 지급할 의무는 없다고 보아야 하므로 당사자 사이에 특별한 약정이 존재하는지 여부에 대하여 판단해 보아야 했다.

본 사건에서 법원은 영화를 제작하는 목적은 이를 상영하기 위한 것이고, 영화제작자들이 을로부터 음악저작물 이용허락계약을 체결하는 동기는 영화를 제작하여 이를 갑이 운영하는 복합상영관과 같은 영화상영관들에 공급하는 것이며, 그러한 목적과 동기는 을과 영화제작자들 사이의 음악저작물 이용허락계약 체결 당시에 계약 당사자 모두가 충분히 인식하고 있었을 것이다.

이로써 저작권법 제99조 제1항과 다른 내용의 특약이 을과 영화제작자들 사이에서 존재한다고 보기 어려워 결국 을이 영화제작자들에게 해 준 음반저작물의 이용허락에는 저작권법 제99조 제1항에 따라 음악저작물의 복제뿐만 아니라 공연도 포함된다고 결론지었다.

저작물의 영상화 규정이 지니는 의미와 그 적용범위

저작권법 제99조 제1항의 입법취지가 영상저작물의 제작상 편의를 위해 저작권자의 포괄적인 이용 허락을 인정한 규정일 뿐 저작권자로 하여금 저작물의 각 이용단계와 이용방법에 따라 저작권 사용료를 지급 받을 수 있는 권리를 제한하는 규정은 아니다. 그러므로 위 조항에 따라 갑에게 공연권이 인정된다고 하더라도 공연사용료는 지급해야 한다는 주장도 있었지만 법원은 저작권법 제99조 제1항을 해석하면서 동 규정에 의해 음악저작물의 공연을 허락한다고 하면서도 그에 대하여 별도의 사용료를 다시 지급해야 한다면 사용료의 액수에 따라 사실상 영화의 상영(음악저작물의 공연)이 불가능할 수도 있는데, 이는 저작권법 제99조 제1항의 입법취지를 무시하는 것이어서 받아들일 수 없다고 판단하였다. 본건은 저작권법 제99조 저작물의 영상화 규정의 의미와 그 적용범위에 대한 명확한 해석을 제시한 사례라 할 것이다.

05 '판매용 음반'이 뭐길래

2009년 7월 23일 개정법 이전
구 저작권법에서는 판매용 음반을 재생 등의 방식으로
공연하는 경우 실연자나 음반제작자에게
별도의 권리를 인정하지 않았다.
그러나 개정 저작권법에서는 판매용 음반을 사용하여
공연하는 경우 음반을 사용하는 방송과
디지털음성송신과 같이 실연자와 음반제작자에게
보상금을 지급하도록 규정하였다.
이후 음악실연자들의 권익을 보호하는
한국음악실연자연합회와 음반제작자의 권익을
보호하는 한국음반산업협회가 국내 유수의 백화점을
상대로 매장음악에 대한 공연보상금을 요구하는 등
'판매용 음반'을 둘러싼 소송들이 이어졌다.

주요판례 10 백화점 사업자가 판매용 음반을 사용하여 매장 내에 음악을 틀어 공연하는 경우 한국음악실연자연합회와 한국음반산업협회에 공연보상금을 지급해야 하나요?
【서울고등법원 2013. 11. 28. 선고 2013나2007545 판결】
관련 판결 【서울고등법원 2010. 9. 9. 선고 2009나53224 판결】

갑은 판매용 음반에 수록된 음원을 디지털 파일로 변환한 디지털 음원을 K뮤직으로부터 송신받아서 자신이 운영하는 백화점 매장에서 틀어놓았다. 이에 대해 한국음악실연자연합회와 한국음반산업협회는 이러한 갑의 행위가 판매용 음반을 사용하여 공연한 행위에 해당하므로 보상금을 지급할 의무가 있다고 주장하였다. 【서울고등법원 2013. 11. 28. 선고 2013나2007545 판결】

갑 매장음악, 판매용 음반을 사용한 공연에 해당하나?

본 사안은 '판매용' '음반'을 '사용'한 '공연'에 해당하는지 여부가 문제되었다. 개념 요소별로 살펴보면 먼저, '판매용' 음반인지 여부가 문제다. 저작권법 제76조의 2, 제83조의 2는 '판매용 음반' 사용에 대한 보상의무를 규정해 놓았으므로 '판매용 음반'을 '시중에 판매할 목적으로 제작된 음반(시판용 음반)'이라고 제한 해석하게 되면 갑은 '시판용 음반'을 사용한 것이 아니므로 보상금을 지급해야 할 필요가 없다.

'판매용 음반'이 반드시 '시판용 음반'에만 국한되지 않아

이에 대해 법원은 시중에 판매하기 위한 것이 아니라 특정 범위의 사용자들에게 제공되거나 또는 특정 목적으로만 사용하기 위해 판매된 음반 등을 사용하여 공연하는 경우에도 그 음반이 통상적으로 예정하고 있는 사용 범위를 초과하게 되므로, 실연자와 음반제작자가 그 실연 또는 음반 판매의 기회를 상실하는 불이익을 입게 되는 것에는 아무런 차이가 없다는 관점에서 저작권법 제76조의 2, 제83조의 2가 규정하는 '판매용 음반'은 반드시 일반 공중을 대상으로 판매될 것을 예정한 '시판용 음반'에 국한된다고 할 수 없고 특정 대상 또는 범위를 한정하여 판매된 음반을 비롯하여 어떠한 형태이든 판매를 통해 거래에 제공된 음반은 모두 이에 포함된다고 해석하는 것이 타당하다고 보았다. 한편으로 입법

시기는 물론 목적과 취지도 달리하는 규정인 저작권법 제29조 제2항의 '판매용 음반'과는 동일한 개념으로 해석할 필요는 없다고 보았다.

저작권법 제76조의 2

제76조의 2(판매용 음반을 사용하여 공연하는 자의 실연자에 대한 보상) ① 실연이 녹음된 판매용 음반을 사용하여 공연을 하는 자는 상당한 보상금을 해당 실연자에게 지급하여야 한다. 다만, 실연자가 외국인인 경우에 그 외국에서 대한민국 국민인 실연자에게 이 항의 규정에 따른 보상금을 인정하지 아니하는 때에는 그러하지 아니하다.
② 제25조 제5항부터 제9항까지 및 제76조 제3항 · 제4항은 제1항에 따른 보상금의 지급 및 금액 등에 관하여 준용한다.

저작권법 제83조의 2

제83조의 2(판매용 음반을 사용하여 공연하는 자의 음반제작자에 대한 보상) ① 판매용 음반을 사용하여 공연을 하는 자는 상당한 보상금을 해당 음반제작자에게 지급하여야 한다. 다만, 음반제작자가 외국인인 경우에 그 외국에서 대한민국 국민인 음반제작자에게 이 항의 규정에 따른 보상금을 인정하지 아니하는 때에는 그러하지 아니하다.
② 제25조 제5항부터 제9항까지 및 제76조 제3항 · 제4항은 제1항에 따른 보상금의 지급 및 금액 등에 관하여 준용한다.

저작권법 제29조 제2항

제29조(영리를 목적으로 하지 아니하는 공연 · 방송) ② 청중이나 관중으로부터 당해 공연에 대한 반대급부를 받지 아니하는 경우에는 판매용 음반 또는 판매용 영상저작물을 재생하여 공중에게 공연할 수 있다. 다만, 대통령령이 정하는 경우에는 그러하지 아니하다.

디지털 음원은 저작권법상 판매 거래에 제공된 음반이다

둘째, 판매용 '음반'인지 여부가 문제되었는데 법원은 디지털 음원도 하드디스크와 같은 저장매체에 저장되는 방식으로 고정되면 저작권법상 음반(저작권법 제2조 제5호)이라고 볼 수 있다고 보았다. 따라서 K뮤직이 음반제작자로부터 받은 디지털 음원은 데이터베이스(DB)에 저장되는 방식으로 고정되므로 저작권법상 '음반'에 해당하고 K뮤직과 갑은 한국음악실연자연합회와 한국음반 산업협회에게 이러한 디지털 음원의 사용에 따라 디지털음원송신보상금이라는 반대급부를 지급하고 있으므로, 위 디지털 음원은 판매를 통해 거래에 제공된 '음반'으로 보았다.

스트리밍 파일 재생은 판매용 음반을 사용한 공연에 해당

셋째, 판매용 음반을 '사용'한 '공연'에 해당하는지 여부에 대해서 법원은 저작권법 제2조 제3호에 의거해 '공연'이란 '저작물 또는 실연·음반·방송을 상연·연주·가창·구연·낭독·상영·재생 그 밖의 방법으로 공중에게 공개하는 것'으로 정의하고 있다. 따라서 갑이 K뮤직으로부터 인증 받은 컴퓨터에 소프트웨어를 다운로드한 후 K뮤직이 제공한 웹페이지에 접속하여 아이디와 패스워드를 입력한 다음 K뮤직이 스트리밍 방식(인터넷에서 영상이나 음향·애니메이션 등의 파일을 하드디스크 드라이브에 다운로드 없이 여러 개의 파일로 나누어 보내어 실시간으로 재생해 주는 기법)으로 전송하는 음악을 실시간으로 매장에 틀어 놓은 행위는 판매용 음반을 '사용'하여 '공연'한 행위에 해당한다고 보았다.

백화점의 실제 음반 사용실태를 바탕으로 보상금 산정 협상

갑의 보상금 지급 범위에 대해서는 한국백화점협회가 백화점의 실제 음반 사용실태를 바탕으로 국내 곡 사용비율과 사용된 외국 곡 중 보상금 청구권이 있는 비율에서 소정의 할인율을 적용하여 42.5% 상당 금액을 보상금으로 산정하기로 협의함으로써 협상이 타결되었다. 협상 비율은 한국백화점협회 회원사 일부 백화점들이 42.5% 상당 금액을 지급했던 사실을 근거로 한국음악저작권협회에 지급하는 공연사용료의 42.5% 상당 금액으로 정하였다.

외국계 커피숍 매장음악, 한국지사가 저작권협회의 공연권 침해

한편, 관련 판결로는 우리가 흔하게 만날 수 있는 커피숍의 매장음악에 관한 사안이다. 외국계 커피 전문점의 한국 지사가 본사와의 계약에 따라 본사에 배경음악 서비스를 제공하고 있는 업체로부터 저작권협회가 공연권을 보유하고 있는 음악저작물이 포함된 CD를 구입하여 우리나라 각지에 있는 커피숍 매장에서 그 음악저작물 등을 배경음악으로 공연한 행위에 대해 저작권협회가 공연금지를 청구한 사건이다. 【서울고등법원 2010. 9. 9. 선고 2009나53224 판결】

저작권법 제29조 제2항의 '판매용 음반'은 '시판용 음반'으로 해석해야

이에 대해 법원은 위 CD는 주문에 응하여 제작된 부대체물로서 시중에 판매하기 위한 것이 아니고, 암호화되어 있어 위 배경음악 서비스 제공업체가 제공한 플레이어에서만 재생되며 계약에서 정해진 기간이 만료되면 더 이상 재생되지 않는 등 저작재산권의 제한 사유에 관하여 규정한 저작권법 제29조 제2항의 '판매용 음반'에 해당한다고 보기 어렵다고 보았다.

또한 위 배경음악 서비스 제공업체가 그 음악저작물에 관한 복제 및 배포를 허락받은 사실 외에 한국 내에서의 공연까지 허락받았다고 볼 수 없으므로, 위 커피 전문점의 한국 지사가 위 CD를 재생하여 그 음악저작물을 공연하는 행위는 저작권협회의 공연권을 침해하는 행위에 해당한다고 판단했다.

저작권법 제29조 제2항의 해석과 관련하여 저작재산권자가 음반제작자로 하여금 음악저작물 판매를 위한 음반으로의 복제 및 배포를 허락할 경우 그 반대급부 산정에는 음악저작물이 공중에게 공연되는 용도로 사용될 경우까지 포함시켜야 하며, 저작권법 제52조 등 각 조항의 '판매용 음반'은 모두 '시판을 목적으로 제작된 음반'으로 해석되는데 위 각 조항과 저작권법 제29조 제2항의 '판매용 음반'을 달리 해석할 합리적인 이유가 없는 점을 고려하면, 저작권법 제29조 제2항의 '판매용 음반'은 '시판용 음반'으로 해석하여야 한다는 입장의 판례이다.

01 뮤지컬은 결합저작물…
저작자들은 '따로 또 같이'

우리 연극계에도 뮤지컬이란 장르가
대중들의 사랑을 받기 시작한 지는 꽤 되었다.
이 사건은 우리가 잘 알고 있는 뮤지컬
〈사랑은 비를 타고〉에 관한 사건으로
뮤지컬의 저작물성을 결합저작물로 보아
제작자와 연출자는 그 완성에 창작적으로 기여한
바가 없다면 저작권을 주장할 수 없다는
기준을 제시한 판례이다.

주요판례 11 초연뮤지컬의 제작자로서 그 완성에 창작적으로 기여한 바 없는 경우라면 뮤지컬에 대해서 독자적인 저작권을 주장할 수 없나요?

【대법원 2005. 10. 4. 자 2004마639 결정,
서울고등법원 2007. 5. 22. 선고 2006나47785 판결】

많은 대중들의 사랑을 받았던 한국의 창작뮤지컬 〈사랑은 비를 타고〉. 여러 사람이 함께 만든 작품이지만 제작자와 연출자가 이 뮤지컬의 저작권자는 자신들이라고 주장한다면 여러분은 쉽게 동의할 수 있겠는가.

뮤지컬 제작자와 연출자 모두 뮤지컬의 저작권자라고 주장하다

제작자, 기획자, 연출자로 참여하여 초연 뮤지컬을 제작한 사람들이 자신들이 제작한 창작뮤지컬은 그 구성요소가 유기적으로 결합하여 새로운 예술작품으로 완성되고, 만일 뮤지컬의 구성요소를 분리한다면 종합예술작품으로서의 예술적 완성도와 가치를 잃게 되므로, 뮤지컬은 그 자체가 저작권법의 보호대상인 저작물로 성립하고, 뮤지컬의 제작과정에서 구성요소를 유기적으로 결합하여 수준 높은 예술적인 미를 구현하는 주체는 제작자와 연출자이므로, 자신들이 뮤지컬의 저작권자라고 주장하였다. 【대법원 2005. 10. 4. 자 2004마639 결정, 서울고등법원 2007. 5. 22. 선고 2006나47785 판결】

뮤지컬은 분리·이용이 가능한 다수의 창작물로 구성된 결합저작물

법원은 뮤지컬이라는 장르의 저작물성에 대해서 먼저 판단하였다. 저작권법이 보호하는 저작물은 문학·학술 또는 예술의 범위에 속하는 창작물로서, 저작권법 제4조 제1항에 규정된 저작물은 그 보호대상을 예시한 것이므로, 문학·학술 또는 예술에 관한 사상 또는 감정을 표현한 창작물이라면 제4조 제1항에 규정된 형식이 아닌 뮤지컬과 같은 장르더라도 법에 의하여 보호되는 저작물로 인정될 수는 있다고 보았다.

그렇다면 뮤지컬은 악곡, 각본, 가사, 안무, 무대장치, 조명, 의상, 연기 등이 극의 구성·전개에 긴밀하게 짜 맞추어진 종합예술의 하나로서, 일반적으로 제작자의 기획과 연출자의 전체적인 조율 및 지휘, 감독 아래 단일한 제목의 작품으로 공연되어 외관상 하나의 작품으로 인식되기도 하지만 뮤지컬이 그 구성요소와 별도로 법의 보호를 받은 저작물로 성립하기 위해서는 저작권법 제2조 제21호 내용처럼 그 제작·공연에 참여한 사람들의 창작에 이바지한 부분을 분리하여 이용할 수 없어야 하는데, 뮤지컬의 구성요소인 악곡, 각본, 가사, 안무, 무대장치, 조명, 의상, 연기 등은 그 각각이 인간의 예술에 관한 사상 또는 감정을 표현한 창작물로서 저작권의 보호대상이 될 뿐만 아니라, 예컨대 악곡이 독립하여 또는 가사와 함께 음악저작물로 공연·방송되거나 각본이 독립하여 어문저작물로 출판되거나 무대장치, 의상 등이 독립하여 미술저작물로 전시되는 것처럼 뮤지컬의 제작·공연에 공동으로 참여한 저작자들 각자의 이바지한 부분을 분리하여 이용할 수 있으므로, 뮤지컬은 이른바 결합저작물이라고 보았다.

저작권법 제2조 제21호
"공동저작물"은 2인 이상이 공동으로 창작한 저작물로서 각자의 이바지한 부분을 분리하여 이용할 수 없는 것을 말한다.

창작적 표현으로 구체적 기여가 없는 이상 저작권자로 볼 수 없어

그리고 뮤지컬 자체는 연극저작물의 일종으로서 영상저작물과는 그 성격을 근본적으로 달리하기 때문에 영상물 제작자에 관한 저작권법상의 특례규정이 뮤지컬 제작자에게 적용될 여지도 없으므로 뮤지컬의 제작 전체를 기획하고 책임지는 뮤지컬 제작자라도 그가 뮤지컬의 완성에 창작적으로 기여한 바가 없는 이상 독자적인 저작권자라고 볼 수 없다고 판단하였다.

영상물제작자에 관한 저작권법상의 특례규정
저작권법 제99조, 제100조, 제101조 규정

저작권법상 저작자는 저작물을 창작한 사람으로서, 문학·학술 또는 예술의 범위에 속하는 사상 또는 감정을 창작성 있는 표현으로 구체화한 사람을 의미하는 바, 법이 보호하는 것은 문학·학술 또는 예술에 관한 사상·감정을 말·문자·음(音)·색(色) 등에 의하여 구체적으로 외부에 표현하는 창작적인 표현형식이고, 그 표현되어 있는 내용, 즉 아이디어 등의 사상 또는 감정 그 자체는 창작성이 있다 하더라도 저작권의 보호대상이 되지 아니하므로, 창작성 있는 표현의 대상인 사상 등을 고안한 사람도 그 사상 등을 창작성 있는 표현으로 구체화하는데 기여하지 않았다면 저작물의 저작자라고 할 수 없다.

대본작성과 악곡작성은 희곡작가와 작곡가를 저작권자로 보다

이 사건에서 초연 뮤지컬의 대본을 실제로 완성한 사람이나 그 대본에 따라 곡을 붙인 사람은 초연 뮤지컬의 악곡과 각본 완성에 관여한 정도, 초연 뮤지컬의 팸플릿의 음악·극본 담당자 표시 등을 근거로 판단할 때 제작자, 연출자의 피용자가 아니라 독자적인 활동을 하면서 각자 그 스스로의 재량에 따라 예술적인 감각과 기술을 토대로 뮤지컬의 대본과 악곡을 작성할 능력 있는 희곡작가 또는 작곡가로서, 대본작성 및 작곡에 대한 대가로 월급 형태의 급여가 아닌 완성된 작업의 대가를 지급받았다는 사정들을 근거로 악곡이나 각본의 저작권자로 보았다.

저 작 권 상 식

공동저작물과 결합저작물

공동저작물이란 2인 이상이 공동으로 창작한 저작물로서 각자 이바지한 부분을 분리하여 이용할 수 없는 것을 말합니다. 이러한 공동저작물의 저작인격권은 저작자 전원의 합의에 의하지 아니하고는 이를 행사할 수 없고, 공동저작물의 저작재산권은 그 저작재산권자 전원의 합의에 의하지 아니하고는 이를 행사할 수도 없도록 저작권법에 규정되어 있어 복수의 저작자들이 자신의 기여 부분을 분리하여 이용하거나 처분할 수 없는 특성을 가지고 있습니다.

이에 반해 결합저작물은 단독 저작물들의 단순한 결합에 불과해 자신의 기여 부분은 별개의 저작물로 인정되므로 분리하여 개별적 이용 가능성이 인정되고 분리 처분도 가능합니다.

02 맘대로 녹화방송…
"오, 마이 지저스"

연극과 영화는 모두 종합예술이면서도
서로 많은 차이를 가지고 있다.
그 중 연극은 입체 예술로서 현장성이 강하며
똑같은 공연은 한 번도 없다는
아주 유일한 일회적인 특징을 가지고 있다.
반면, 영화는 평면 예술로서
기계적인 대량복제가 가능하여
시·공간의 동시성을 가질 수 있는
동시 개봉의 특징이 있다.

주요판례 12 저작자의 허락 없이 뮤지컬을 녹화한 후 인터넷 홈페이지
에 올려놓아 그 인터넷 홈페이지에 접속한 사람들로 하여
금 뮤지컬을 시청할 수 있도록 하면 저작권을 침해하는 것
인가요?
【서울고등법원 2002. 10. 15. 선고 2002나986 판결】

　　요즘은 연극에서도 영화적 특징을 도입하기도 하고, 영화에서는 연극적 입체성을 가져오기 위해 3D 영화가 만들어지는 시대에 이르렀다. 그래도 변하지 않은 건 관객으로서 연극무대를 볼 때도 영화를 볼 때도 함부로 카메라를 들이대지는 않는다는 사실. 거기엔 다 이유가 있어서 일 것이다.

허락없이 뮤지컬을 녹화해서 주식회사 홈피에 올리다

　　〈지저스 크라이스트 슈퍼스타〉라는 뮤지컬을 우리나라에서 초연한 이래 4~5년마다 이를 재공연한 비법인사단 갑이 있다. 기독교 영상 선교사업 등을 목적으로 설립된 주식회사 을은 갑의 허락 없이 이 사건 뮤지컬 전체(1시간 30분 분량)를 녹화했다. 그리고 이를 14개의 부분으로 정리하여(모두 합하여 40분 내지 50분 분량) 을의 인터넷 홈페이지에 올려놓고 그 홈페이지에 접속한 사람들이 원하는 시간에 이 사건 뮤지컬을 표시하는 부분을 클릭하여 위 14개 부분 중 원하는 부분을 시청할 수 있도록 했다. 이에 뮤지컬 녹화물을 VOD(video on demand) 방식으로 방송한 것에 대한 손해배상청구 소송이 제기되었다. 【서울고등법원 2002. 10. 15. 선고 2002나986 판결】

복제권과 방송권은 침해했지만 동일성유지권 침해는 아냐

　　법원은 이 사건 뮤지컬에 관한 모든 저작권이 갑에게 귀속된다고 전제한 후 저작재산권인 복제권과 방송권 등을 침해하였다고 판단하였다. 그러나 저작인격권으로서 동일성유지권에 대해서는 이 사건 뮤지컬의 내용을 삭제하거나 순서를 바꾸는 등의 편집은 가하지 아니한 채 단순히 전체 뮤지컬의 일부씩을 발췌하여 나열한 것에 불과하고, 또 당시의 기술수준으로는 파일의 용량이나 전송속도의 제한 등으로 인하여 인터넷 방송을 하기 위해서는 전체 뮤지컬을 3~4분씩의 여러 파일로 나누어야 했던 사정 등을 감안하면 이 사건 뮤지컬에 실질적 개변을 가하여 그 동일성을 손상하였다고 보기 어렵다고 보았다. 뿐만 아니라 설령 일부 동일성의 손상이 있다고 하더라도 이는 이용의 형태상 부득이한 변경에 해당한다고 보아 동일성유지권의 침해를 부정하였다.

영리 목적이 아니라지만 구 저작권법에 의해 방송에 해당

그리고 을은 영리를 목적으로 하지 아니한 방송이라고 주장하였지만 을은 주식회사일 뿐만 아니라 을의 홈페이지에 상업광고를 게재한 사실이 인정되므로 이 사건 뮤지컬에 대한 방송이 영리를 목적으로 하지 아니한 방송이라고 할 수 없다고 판단하였다.

또한 을은 이 사건 뮤지컬을 녹화한 후 이를 을의 인터넷 홈페이지에 올려놓음으로써 그 인터넷 홈페이지에 접속한 사람들이 원하는 시간에 이 사건 뮤지컬을 나타내는 부분을 클릭하여 시청할 수 있도록 하는 행위는 방송이 아니라고 주장하였지만 법원은 일반 공중이 수신하게 할 목적으로 무선 또는 유선통신의 방법에 의하여 음성, 음향 또는 영상 등을 송신하는 행위로서, 개정 저작권법 제2조 제8호 상으로는 일반 공중이 동시에 수신하는 것이 아니어서 방송에 해당하지 아니한다 할 것이지만 개정 저작권법이 시행되기 전의 구 저작권법 제2조 제8호에 정한 방송에는 해당한다고 보아 을의 항변을 배척하였다.

개정 저작권법 제2조 제8호
"방송"은 공중송신 중 공중이 동시에 수신하게 할 목적으로 음ㆍ영상 또는 음과 영상 등을 송신하는 것을 말한다.

구 저작권법 제2조 제8호
방송 : 일반공중으로 하여금 수신하게 할 목적으로 무선 또는 유선통신의 방법에 의하여 음성ㆍ음향 또는 영상 등을 송신하는 것(차단되지 아니한 동일구역 안에서 단순히 음을 증폭 송신하는 것을 제외한다)을 말한다.

창작성이 없는 녹화물은 2차적 저작물이 아니며 방송기준 따라 손해배상

뿐만 아니라 을은 이 사건 뮤지컬을 디지털화하여 2차적 저작물을 작성한 것이라고 주장하였지만 법원은 2차적 저작물이 되기 위해서는 보통의 저작물에서 요구되는 창작성보다 더 실질적이고 높은 정도의 창작성이 요구되며, 원저작물에 대하여 사회통념상 별개의 저작물이라고 할 정도의 실질적인 개변이 있어야 할 것인데, 이 사건 뮤지컬을 녹화한 후, 이를 14개의 부분으로 나누어 인터넷 홈페이지에 올려놓는 행위만으로는 거기에 별다른 창작성이나 실질적 개변이 있다고 인정할 수 없으므로 을의 항변은 이유 없다고 보았다.

손해배상액 결정에 있어서는 갑이 제3자에게 이 사건 뮤지컬의 방송을 허락하는 대가로 통상 지급받을 수 있는 금액 또는 통상 얻을 수 있는 경제적 이익에 상당한 금액으로 한국방송공사(KBS)는 이 사건 뮤지컬과 같은 뮤지컬 작품의 방송을 허락받는 대가로 통상적으로 220만 원 상당의 공연 홍보광고를 5회 정도 실시한다는 사실을 근거로 1,100만 원으로 결정하였다.

그리고 인터넷 홈페이지에 접속한 사람들이 이 사건 뮤지컬을 시청할 수 있도록 함으로써, 뮤지컬 공연의 관람표 매출액이 감소하고 협찬과 프로그램 광고 및 판매액이 감소하였다는 부분과 명예가 훼손되고, 회복하기 어려운 정신적 손해가 발생하였다는 부분에 대해서는 받아들이지 아니하였다.

03 공동저작물이 가진 '양날의 칼'

공동으로 집필한 연극대본의 경우,
일단 공동저작물로 성립하게 되면
공동저작권자 전원의 합의에 의하지 않고서는
저작재산권을 행사할 수 없게 된다.
그러나 공동저작물의 저작권 행사 방법을
위반한 경우라도 저작권 침해행위로서
형사처벌 대상이 될 수는 없다.

주요판례 13 공동저작권물인 연극대본을 만드는데 연극 초벌대본을 집필하여 참여한 자가 다른 공동저작권자의 동의 없이 뮤지컬 대본으로 사용하는 경우 저작권법 위반으로 처벌받을 수 있나요?
【서울남부지방법원 2012. 7. 6. 선고 2012고정565 판결】

'공동저작물'은 2인 이상이 공동으로 창작한 저작물로서 각자의 이바지한 부분을 분리하여 이용할 수 없다. 또한 공동저작권 전원의 합의 없이 이루어진 이용허락 등은 효력이 없게 된다. 그러나 공동저작물의 저작권 행사 방법을 위반했다면 저작권 침해의 문제는 또 달라질 수 있다.

공동집필한 연극 최종대본을 동의 없이 뮤지컬 대본으로 이용

갑이 자신의 원작 수필을 기초로 연극 초벌대본을 집필하고 을이 상당 부분 각색하여 최종대본을 완성한 다음 연극이 공연되었다. 그런데, 그 후 갑이 을의 동의 없이 최종대본 대부분을 그대로 옮겨 뮤지컬 대본을 완성한 후 뮤지컬 공연에 이용하도록 하여 을의 저작권을 침해하였다는 내용으로 기소되었다면 저작권법 위반으로 처벌받게 될까? 【서울남부지방법원 2012. 7. 6. 선고 2012고정565 판결】

먼저 갑의 초벌대본과 을이 참여한 최종대본의 관계를 확정지어야 하는데, 초벌대본이 아닌 원작수필과의 관계를 우선 살펴보면 최종대본이 원작 수필과의 관계에서 원저작물인 수필을 각색하여 독자적으로 창작한 '2차적 저작물'에 해당한다는 점은 명확하다고 보았다.

연극의 초벌대본은 최종대본과 2차적 관계 아닌 단일 저작물

그렇지만 무대공연을 전제로 하는 연극대본의 경우 극작가 혼자만의 작업에 의하여 완성되는 것은 아니다. 극작가는 물론 연출가, 배우, 무대스텝 등 다수의 연극관련자들이 동시 또는 순차로 관여하여 연출가의 연출의도, 실제 공연하는 배우들의 개성, 구체적인 무대상황 등에 따라 다양한 수정·보완작업을 거치면서 완성되는 속성을 가지고 있다.

이 사건에 있어서도 갑이 작성한 초벌대본을 연출가의 연출의도에 맞추기 위하여 을이 5회에 걸친 수정·보완작업을 하였고, 그렇게 작성된 최종대본마저도 연극공연 당시에는 연출가 및 연기자들에 의하여 다시 일부 변경되어 공연된 점도 있다. 을도 갑과 별개의 연극대본을 집필할 의도에서가 아니라 갑이 작성한 초벌대본을 기초로 이를 수정·보완하여 보다 완성도 높은 연극무대를 만들기 위하여 각색계약을 체결하고 이 사건 연극대본 작업에 참여한 것이다.

갑 역시 초벌대본이 을 등에 의하여 수정·보완되어 새로운 창작성이 부여되는 것을 용인했다. 또한 을 등에 의하여 수정·보완되어 연극으로 공연되기까지 극본(극작)가의 지위를 유지하면서 대본작업에 직간접적으로 관여한 점 등에 비추어 보면, 이 사건 최종대본을 초벌대본과 별개의 독자적 저작물로서 '2차적 저작물'로 이해할 것이 아니라, 초벌대본을 기초로 갑과 을, 연출자와 연기자 등이 공동으로 관여하여 수정·보완하는 작업을 거쳐 완성한 하나의 저작물, 즉 갑의 초벌대본작업과 을 등의 수정·보완작업이 불가분적으로 융합된 단일의 저작물이라고 보았다.

최종대본은 2인 이상이 창작한 분리·이용할 수 없는 '공동저작물'

그리고 최종대본의 저작권자를 누구로 볼 것인가에 대해서 갑이 을의 수정·보완작업을 통제하였다 하더라도 그 방식이 개괄적인 방향제시 또는 수정한 내용 중 부적절한 부분의 삭제 등을 거쳐 을은 구체적인 수정·보완작업에 있어 상당한 창작의 자유 또는 재량권을 가졌던 것으로 보았다.

따라서 을이 수정·보완한 내용은 통상의 각색 작업을 넘어서는 것으로서 이 사건 연극의 중요한 특징적 요소가 되었다. 또한 을이 각색계약을 체결하면서 각색료뿐만 아니라 연극공연에 따른 로얄티도 지급받기로 하였고, 위 로얄티는 1회의 지급으로 종료되는 것이 아니라 저작권료와 마찬가지로 일정한 기간(5년)을 단위로 재계약하도록 예정되어 있는 점, 이 사건 최종대본 및 연극포스터에 을이 갑과 별도로 각색 작가로 표시되어 있는 점 등에 비추어 보면, 을은 단순

히 갑의 보조자라기보다는 갑의 초벌대본을 기초로 수정·보완작업을 통하여 새
로운 창작성을 부가한 공동의 저작(권)자라고 봄이 상당했다. 그 결과 이 사건
최종대본은 2인 이상이 공동으로 창작한 저작물로서 각자의 이바지한 부분을
분리하여 이용할 수 없는 '공동저작물'에 해당한다고 보았다.

갑, 저작권 행사방법을 위반했지만 침해행위에는 해당 없어

그렇다면 이 사건에서 공동저작권자인 갑, 을 사이에 저작권 침해문제가 남게
된다. 법원은 갑도 을과 마찬가지로 공동저작물인 이 사건 최종대본 전부에 대
하여 저작권을 가지고 있고 공동저작물의 특성상 이를 분리하여 이용하는 것이
불가능한 점을 고려했다. 구 저작권법 제48조 제2항에는 공동저작물의 이용에 따
른 이익의 배분방법이 규정되어 있어 공동저작권자 1인이 단독으로 공동저작물
을 이용하더라도 위 규정에 따라 그 이익을 분배하여 공동저작권자 상호간의 이
해관계를 조정할 수 있다고 했다. 공동저작권자 중 1인이라도 반대하는 경우에
도 그 반대자의 창작 기여정도 등을 고려하지 아니하고 무조건 저작권 침해행위
로 형사처벌 한다면 공동저작물의 이용을 지나치게 제한하여 자칫 공동저작물
이 사장될 위험이 있는 점도 고려했다.

따라서 이 사건 최종대본과 같이 연극대본 또는 영화시나리오 등 다수의 작
가 또는 관련자들이 동시 또는 순차로 관여하여 완성되는 창작물의 경우 법원
등의 유권적인 판단이 있기 전까지는 공동저작권자의 범위를 확정하는 것이 쉽
지는 않다고 보았다. 형벌규정의 해석은 엄격하여야 하고 명문규정의 의미를 갑
에게 불리한 방향으로 지나치게 확장해석하거나 유추 해석하는 것은 죄형법정
주의의 원칙에 어긋나 허용되지 않는 점 등에 비추어 보면, 갑이 공동저작물인
이 사건 최종대본을 단독으로 이용하였다 하더라도 이는 앞서본 구 저작권법 제
48조의 저작권 행사방법을 위반하는 것일 뿐 개정된 저작권법 제136조 제1항의

저작권 침해행위에는 해당하지 아니한다고 해석하였다.

결론적으로 법원은 을이 참여한 최종대본을 초벌대본과 별개의 저작물로 보지 아니하고 단일의 저작물로 보아 갑과 을을 공동저작권자로 확정한 후, 공동저작권자 중 1인의 이용행위는 형사처벌의 대상이 될 수는 없다고 판결했다.

구 저작권법 제48조 제2항

"공동저작물의 이용에 따른 이익은 공동저작자 간에 특약이 없는 때에는 그 저작물의 창작에 이바지한 정도에 따라 각자에게 배분된다. 이 경우 각자의 이바지한 정도가 명확하지 아니한 때에는 균등한 것으로 추정한다."

개정된 저작권법 제136조 제1항

제136조(벌칙) ① 다음 각 호의 어느 하나에 해당하는 자는 5년 이하의 징역 또는 5천만원 이하의 벌금에 처하거나 이를 병과할 수 있다.

1. 저작재산권, 그 밖에 이 법에 따라 보호되는 재산적 권리(제93조에 따른 권리는 제외한다)를 복제, 공연, 공중송신, 전시, 배포, 대여, 2차적 저작물 작성의 방법으로 침해한 자

저작물의 제호

책 제목, 노래 제목이 저작권법상 저작물로 보호가 될까요? 우리나라 판례는 어문 저작물인 서적 중 저작자의 사상 또는 감정을 창작적으로 표현한 부분이라고 볼 수 없는 단순한 서적의 제호나 저작자 또는 출판사의 상호 등은 저작물로서 보호받을 수 없다고 보아 저작물성을 부정하고 있습니다.【대법원 1996. 8. 23. 선고 96다273 판결】

다만 상표법이나 부정경쟁방지법에 의한 보호가 가능할 수 있는데 판례는 '영어공부 절대로 하지 마라' 사건에서 타인의 등록상표를 정기간행물이나 시리즈물의 제호로 사용하는 등 특별한 경우에는 사용 태양, 사용자의 의도, 사용 경위 등 구체적인 사정에 따라 실제 거래계에서 제호의 사용이 서적의 출처를 표시하는 식별표지로서 인식될 수도 있으므로, 그러한 경우에는 상표권의 효력이 미칠 수 있다고 판단하였습니다.【대법원 2005. 8. 25. 선고 2005다22770 판결】

또한 저작물의 내용은 그대로 둔 상태에서 제호만을 변경한 경우에는 저작인격권인 동일성유지권 침해가 될 수도 있습니다.

01 'Be the Reds!'는 대~한민국

'오 ~ 필승 코리아!
오 ~ 필승 코리아!
오 ~ 필승 코리아! 오~오오오'
2002년 한·일 월드컵 이후로
대한민국의 축구에 대한 관심과 인기는
엄청나게 높아져 왔다.
지금까지 치뤄진 월드컵에서 그랬던 것처럼
다음 월드컵에서도 대한민국은 여전히
붉은색 티셔츠를 입고 온 국민이 하나가 되어
응원구호를 외칠 것이다.
그런데 월드컵 붉은색 티셔츠도
저작권법 분쟁에 휘말렸다.

주요판례 14 미술저작물이 사용된 옷을 입은 모델을 촬영한 사진도
저작권 침해인가요?
【서울서부지방법원 2012. 8. 23. 선고 2012노260 판결】

지나간 월드컵에 대한 이미지는 국가와 가족 그리고 함께한 이들과의 추억으로 겹쳐진다. 'Be the Reds !'가 새겨진 빨간색 티셔츠를 입고 두건을 두르고 브라질의 어느 경기장에서, 해외의 어느 도시에서, 한국의 어느 거리에서, 내 집 안방에서 응원하는 우리의 모습은 다시 역사가 된다. 이 역사는 그 누구의 것도 아닌 우리 모두의 것이다.

붉은악마 티셔츠를 입은 모델사진 웹 게시는 저작권 침해인가?

포토라이브러리 업체의 대표이사가 미술작가의 미술저작물인 도안(Be the Reds !)이 사용된 의류 등을 입은 모델들을 촬영한 다수 사진을 미술작가의 허락 없이 자신의 웹페이지에 게시함으로써 무단복제 등의 방법으로 미술작가의 저작권을 침해하였다는 내용으로 고소당했다. 포토라이브러리 업체 대표이사는 형사처벌을 받게 될까? 【서울서부지방법원 2012. 8. 23. 선고 2012노260 판결】 이는 소위 2002년 한·일 월드컵 붉은 악마(Be the Reds !) 티셔츠 사건으로 저작권법상 '복제'의 개념과 그 판단 기준이 문제된 사건이다.

Be the Reds는 문자와 구분되는 독자적 응용미술저작물

제일 먼저 판단하여야 할 점이 본 사건의 도안(Be the Reds !)이 미술저작물로서 인정받을 수 있는지 여부였다. 법원은 도안이 그 분류상 형상 또는 색채에 의하여 미적으로 표현된 미술저작물로서(저작권법 제4조 제1항 제4호), 문자를 표현의 소재 내지 도구로 사용했으나 언어적 사상이나 의사의 전달이라는 본래의 기능보다는 시각적·형상적 사상의 표현에 주안점을 둔 것이라고 보았다.

그리고 이 사건 도안의 창작 경위와 이용실태 등을 고려할 때 그 목적·기능에 있어서 회화나 문자를 소재로 하여 서예가의 사상 또는 감정을 창작적으로 표현한 순수 서예작품과 달리 그 자체로 독립하여 감상의 대상으로 삼기 위해 창작된 것이라기보다는 주로 티셔츠나 두건 등의 상품에 동일한 형상으로 복제 또는 인쇄되어 상품의 가치를 높이거나 고객흡인력을 발휘하도록 하는 등 광고에 이용하는 것과 같은 실용적인 목적에 주안점을 두었다고 보았다. 때문에 이용되는 상품 내지 표현 소재인 문자 자체와 구분되어 어느 정도의 독자성이 인정된다는 점에서 응용미술저작물(저작권법 제2조 제15호)로 볼 수 있다고 판단하였다.

응용미술저작물(저작권법 제2조 제15호)

'응용미술저작물'은 물품에 동일한 형상으로 복제될 수 있는 미술저작물로서 그 이용된 물품과 구분되어 독자성을 인정할 수 있는 것을 말하며, 디자인 등을 포함한다.

미술저작물이 간접적·부수적으로 사진에 촬영된 경우도 복제일까?

그렇다면 업체의 대표이사가 이 사건 도안이 사용된 의류를 입은 모델을 촬영한 행위가 복제에 해당하는지를 판단하여야 한다. 먼저 저작권법상 복제의 개념을 살펴보면, 복제란 '인쇄·사진촬영·복사·녹음·녹화 그 밖의 방법으로 일시적 또는 영구적으로 유형물에 고정하거나 다시 제작하는 것'을 말하는 바(저작권법 제2조 제22호), 이는 저작권에 대한 침해와 비침해의 경계를 획정하기 위한 규범적인 개념으로서, 물리적·기계적·형식적으로는 복제에 해당할 수 있더라도 저작권법상으로는 복제나 침해에 해당하지 않을 수 있다.

저작권법 제2조 제22호

'복제'는 인쇄 · 사진촬영 · 복사 · 녹음 · 녹화 그 밖의 방법으로 일시적 또는 영구적으로 유형물에 고정하거나 다시 제작하는 것을 말하며, 건축물의 경우에는 그 건축을 위한 모형 또는 설계도서에 따라 이를 시공하는 것을 포함한다.

법원은 복제 여부를 인정함에 있어서는 형식적으로 유형적인 재제(再製)가 있는지 여부만이 아니라 그 밖의 여러 요소를 감안하여 규범적으로 판단되어야 하는 것이므로 어떤 미술저작물이 사진에 촬영된 경우라 하더라도 당해 저작물이 직접적으로 촬영된 것이 아니라 간접적이고 부수적으로 이용된 것에 불과한 경우로서 그 이용의 목적과 방식, 그 이용이 당해 저작물에 대하여 갖는 실질적인 권리나 경제적 가치에 미치는 영향의 정도 등을 고려하여 저작권 침해에 해당하지 않을 수 있다고 보고 있다.

사진, 도안과의 실질적 유사성·종속적 관계 인정할 수 없어

도안의 저작권법상 보호범위 내지 제3자의 자유이용 범위를 정함에 있어서 이 사건 도안이 현재 누리고 있는 표현력과 가치의 상당 부분은 이 사건 도안의 독창적인 표현형식 자체에 기인한 것이라기보다는 외부적인 요인들, 즉 불특정 다수의 공중이 2002년 월드컵 당시 집단적으로 창조·형성한 월드컵, '붉은악마', 개성적이고 자유로우며 단합된 응원문화에 기인한 것이라는 사회·문화적 배경이 고려되어야 한다고 보았다. 결국 이 사건 도안이 갖는 표현력 중 상당 부분은 불특정 다수의 공중에 의해서 부여된 것으로서 자유이용이 가능한 공중의 영역 내에 있거나 그에 근접해 있다고 보았다.

그러므로 사회·문화적 의미내용을 갖는 월드컵에 대한 이미지와 기억을 효과적이고 구체적으로 되살려 표현하기 위해서는 당시에 널리 사용된 도안이 인쇄된 티셔츠와 두건 등의 사물을 이용하는 것이 부득이하거나 필수적이며 도안이 이용된 모든 경우에 이용허락을 받도록 한다면 2002년 당시 공중이 집단적으로 형성한 월드컵 이미지를 표현할 자유 또는 표현방법 선택의 자유가 부당하게 제한될 우려가 있다고 판단하였다.

또한 사진의 전체적인 구도 속에서 이 사건 도안이 촬영·표현된 위치와 크기 및 차지하는 양적·질적인 비중, 이용된 분량과 이용의 태양 등에 비추어 이 사건 도안은 정당한 범위 내에서 간접적이고 부수적으로 이용된 것에 지나지 않는다

는 점, 이 사건 도안을 사진에서 이용한 것은 도안의 보호범위 밖에 있는 점과 위 사진은 이 사건 도안을 이용하였으나 이를 완전히 소화하여 작품화함으로써 도안과 실질적 유사성이나 종속적 관계를 인정할 수 없는 별개의 독립적인 새로운 저작물인 점을 근거로 업체대표에게 무죄판결을 선고하였다.

문자 도안의 특성상 저작권 보호범위 제한적이다

이 사건은 독자적인 예술적 특징과 가치를 갖는 회화나 서예 등과 같은 통상의 문예적인 미술저작물과 달리 상업적이고 기능적인 목적으로 실용적인 기호로서의 성격을 수반할 수밖에 없는 문자를 표현의 소재로 삼아 이를 도안화한 것에 대해서는 그 특성상 저작권에 의한 보호가 인정되는 범위 내지 그 정도는 제한적일 수밖에 없다는 점을 명확히 한 사건이다.

그리고 법원은 부가적인 쟁점으로 포토라이브러리 업체에서 이루어지는 이미지 사진의 촬영이나 홈페이지 게시 단계에서는 그 이용 목적 등이 유동적·불확정적인 상태에 있다가 장래 수요자의 의사에 따라 영리적 이용 여부가 확정되는 것이므로 저작물에 대한 사전 이용허락이 없었다는 점만으로 촬영이나 포토라이브러리에의 게시 자체를 제한하는 것은 이미지 사진 시장의 발전 자체를 위축시킨다고 보았다.

또한 이미지 사진에 관한 실제적인 양도 내지 이용허락 계약 체결 이전에 획일적으로 그에 포함된 저작물에 대한 이용 대가의 지급을 강제함으로써 장래 수요자들이 부담해야 하는 저작물이 포함된 이미지 사진의 이용 대가가 전반적으로 증가하는 것은 물론이고 비용 배분의 효율성이 저해되거나 왜곡될 우려가 있다는 점을 지적하여 이미지 사진 촬영이나 홈페이지 게시 자체는 자유롭게 이루어질 수 있다는 점을 밝혔다.

02 살아 있는 로티는 사연 많은 너구리

1980년대 후반 붐이 일기 시작한
기업의 CI 제작이나 캐릭터 도입은 이후
많은 지자체와 각종 단체들에게도 확산되었다.
이제 한국은 그야말로 디자인이 없으면
개인명함을 내밀기도 힘든 디자인 세상이 되었다.
많은 디자이너들은 '너구리 전쟁'으로
이 사건을 기억하고 있을 것이다.
우여곡절 끝에 탄생한 로티는
당시 캐릭터저작권 분쟁에 대한
사회적 관심을 불러 일으켰고
지금도 롯데월드 앞에서 우리를 반긴다.

주요판례 15 응용미술작품의 제작자가 주문자 측의 수정요청을 거부한 경우 주문자 측이 일부 변경하여 기업목적에 따라 이용할 수 있나요?
【대법원 1992. 12. 24. 선고 92다31309 판결】

관련 판결 교과서의 디자인 작업을 수행한 도서 디자인업자는 그 디자인이 응용미술저작물임을 주장할 수 있나요?
【서울중앙지방법원 2010. 1. 13. 자 2009카합3104 결정】

　주문자 측의 마스코트 지명공모에서 당선된 저작물인 도안의 제작자는 주문자 측의 수차례에 걸친 캐릭터 수정 요구에 대해 캐릭터의 기본형과 35점의 응용형을 개발하여 제시하였다. 그럼에도 수정 요구가 계속되자 더 이상의 도안수정을 거절하였고 결국 주문자 측이 제작자에게 계약 파기에 따른 합의금을 지급하고 다른 만화가에게 캐릭터 개발을 의뢰하였다.

제작자가 만든 너구리 도안.

롯데월드의 로티.

'로티'는 사연 많은 캐릭터… 동일성유지권에 연루되다

　주문자 측이 의뢰한 만화가를 통해 기존의 캐릭터에 수정 작업을 더한 다음 변경된 도안을 기업목적에 따라 사용하고 있다면 이는 동일성유지권의 침해에 해당될까? 【대법원 1992. 12. 24. 선고 92다31309 판결】 이 사건은 저작권법 제13조 제1항에 규정된 동일성유지권과 관련한 리딩 케이스로서 소위 롯데월드의 상징 캐릭터인 '로티' 사건으로 많이 알려져 있다.

　저작권법은 저작물을 창작한 자를 저작자로 하고(제2조 제2호), 저작권은 저작한 때로부터 발생하며 어떠한 절차나 형식의 이행을 필요로 하지 아니하고(제10조 제2항), 저작인격권은 이를 양도할 수 없는 일신 전속적인 권리로(제14조 제1항) 규정하고 있고, 위 규정들은 당사자 사이의 약정에 의하여 변경할 수 없는 강행규정이다.

상업성 강한 응용미술작품임에도 너구리도안의 저작자는 제작자

　　법원은 본 사건에서 비록 제작자가 제작한 너구리도안과 같이 상업성이 강하고 주문자의 의도에 따라 상황에 맞도록 변형되어야 할 필요성이 큰 저작물의 경우에는 재산적 가치가 중요시되는 반면, 인격적 가치는 비교적 가볍게 평가될 수 있지만 이러한 저작물도 제작자의 인격이 표현된 것이고 제작자가 저작물에 대하여 상당한 애착을 가질 것임은 다른 순수미술작품의 경우와 다르지 않을 것이라고 보았다. 그리고 저작권법 규정의 취지 또한 실제로 저작물을 창작한 자에게만 저작인격권을 인정하자는 것이라고 볼 수 있으므로 이 사건에서와 같이 상업성이 강한 응용미술작품의 경우에도 당사자 사이의 계약에 의하여 실제로 제작하지 아니한 자를 저작자로 할 수는 없다고 판단하였다.

　　그러므로 제작자가 제작한 롯데월드의 상징도안인 캐릭터 너구리도안의 기본도안과 응용도안은 그 소재의 선정뿐 아니라 그 제작에 있어서도 전적으로 제작자의 재량과 예술적인 감각 및 기술에 의하였다는 점에서 너구리도안의 저작자는 제작자라고 할 수 있다. 또한 캐릭터의 특수성 및 너구리도안의 제작과정에 있어서 주문자 측이 한 역할과 당사자 사이의 계약내용에 비추어 보면 저작인격권까지 포함한 저작권자체를 주문자 측이 원시적으로 취득하였다고 볼 수는 없다는 결정이다.

주문자 측, 더 이상의 수정을 거절한 제작자에 합의금 지급

　　이 사건에서 롯데월드의 상징도안을 제작하도록 의뢰받은 제작자가 주문자 측에서 요구하는 상징도안의 제작목적과 제작의 기본방향, 소재선정의 기준 등에 따라 도안을 제작하기로 하고, 주문자 측이 제작된 도안에 대한 소유권과 저작권 등 모든 권리를 가짐은 물론 수정요구까지 할 수 있다는 내용의 캐릭터 제작계약을 체결하였다. 제작자가 제작한 너구리도안이 당선작으로 선정된 후에

도 수차에 걸친 수정·보완 끝에 기본 도안이 제작되고, 이를 기본으로 35종의 응용도안까지 제작되었다. 주문자 측으로부터 위 도안이 미국에서 사용 중인 펠릭스 고양이와 유사하고 너구리의 특징이 잘 나타나 있지 아니하다는 이유로 수정 요구를 받은 제작자는 자기로서는 수정을 하여도 같은 도안밖에 나오지 아니한다는 이유로 더 이상의 수정을 거절하였다.

이에 주문자 측이 만화가로 하여금 제작자가 제작한 도안을 참고로 하여 현재 사용하고 있는 기본도안과 응용도안 등을 제작하게 하였는데 그 제작과정에 있어서 도안에 나타난 아이디어의 기본방향, 전체적인 형태와 모양, 이미지 면에 있어서 매우 유사하여 제작자가 제작한 기본도안과 응용도안을 일부 수정하여 변경한 것에 지나지 아니하였다.

제작자의 묵시적인 동의… 동일성유지권 침해에 '해당 없음'

이에 대하여 법원은 제작자가 제작한 위 너구리도안은 순수미술작품과는 달리 그 성질상 주문자 측의 기업 활동을 위하여 필요한 경우 변경되어야 할 필요성이 있었고 제작자가 자신의 의무인 위 도안의 수정을 거절함으로써 주문자 측이 위 도안을 변경하더라도 이의하지 아니하겠다는 취지의 묵시적인 동의를 하였다고 판단하였다.

따라서 주문자 측이 만화가로 하여금 제작자가 제작한 너구리도안을 일부 변경하게 한 다음 변경된 기본도안과 응용도안을 그 기업목적에 따라 사용하고 있다 하더라도 위 변경은 제작자의 묵시적인 동의에 의한 것이므로 저작권법 제13조 제1항에 규정된 동일성유지권의 침해에는 해당되지 아니한다는 결론을 내렸다.

도서 디자인업자의 작업은 응용미술저작물로 인정받을 수 없어

이어 관련 판결은 교과서의 디자인 작업을 수행한 도서 디자인업자가 있음에도 교과서 출판업체가 자신의 소속직원들을 디자인자로 기재하였다면 디자인업자는 성명표시권 침해를 주장할 수 있을까 하는 문제였다. 【서울중앙지방법원 2010. 1. 13. 자 2009카합3104 결정】

법원은 이 사건 교과서의 편집이나 구성 등 형식적인 부분은 모두 그 교과서 원고인 내용의 존재를 전제로 이를 효과적으로 전달하기 위한 수단에 불과하다고 보았다. 따라서 문자, 그림의 형태나 배열 등의 형식적 요소 자체만으로는 하나의 미술저작물이라고 할 수 있을 정도의 독자적인 실체가 인정되지 않고 교과서를 비롯한 학습도서는 원칙적으로 문자를 그 구성요소로 하고 있고 디자인업자의 작업 부분도 상당 부분 문자의 서체나 크기 등과 같은 형태나 줄, 간격 등과 같은 배치와 관련되어 있다고 보았다. 이는 도서의 고유한 특성으로서 문자를 구성요소로 하지 않는 대부분의 물품에는 이를 그대로 적용할 수가 없으므로, 이 점에서도 디자인업자의 작업물이 물품과의 '분리가능성'을 요건으로 하는 응용미술저작물에 해당한다고는 보기 어렵다고 판단하였다. 이는 반면 문양이나 장식이 여러 물품에 실질적으로 동일한 형태로 구현될 수 있는 것과는 대조된다.

전체 분위기만으로 동일성 인정 어렵고 성명표시권도 마찬가지

사안에서는 디자인업자가 행한 디자인 작업을 응용미술저작물에 해당하지 않는다고 보았지만 만약 응용미술저작물로 평가될 여지가 있다고 가정하고 판단해 본다면 당사자 간에 체결한 디자인용역계약에 출판업자가 디자인업자에게 디자인 수정이나 보완을 요구할 수 있도록 규정되어 있어 디자인업자의 작업 결과물은 당초부터 그 수정이 예정되어 있었고, 출판업자는 그 필요에 따라 자체 인력을 투입하여 서체, 문자 크기, 줄 간격, 삽화의 스타일이나 배치, 색감, 지문 배열 방식 등 상당한 부분을 수정·대체한 결과, 이 사건 교과서 디자인은 디자인업자가 당초 출판업자에 제공한 견본 디자인과 별개의 디자인으로 볼 수 있을 정도로 크게 변경되었다.

다만 출판업자의 작업은 디자인업자로부터 제공받은 견본 디자인을 기초로 한 것이어서 위와 같은 수정 작업 후에도 견본 디자인 구성의 전체적인 분위기는 크게 달라지지 않은 것으로 보이나 이러한 전체적인 분위기 자체만으로는 회화, 조각, 공예와 같은 미술저작물로서의 독자적인 실체가 형성되어 있다고 볼 수 없고, 오히려 이는 도서의 편집 방향을 제시하는 아이디어의 영역에 속한다고 봄이 상당하여 위 양 디자인 사이에 실질적 동일성이 인정된다고 보기 어렵다고 판단했다.

그러므로 응용미술저작물로 인정받지 못한 이 사건 교과서 디자인에 대해서는 성명표시권 등의 저작인격권도 인정될 수 없다는 결론이다.

03 화장실에 들고 날 때의 차이

동업자 사이에서는 법적 분쟁이 자주 일어난다.
동업을 할 때 힘을 합해 만든 저작물을
자신의 단독 저작물이라고 주장하고 나온다면
이 일을 어떻게 해야 할까?
이런 경우 화장실에 들어갈 때와 나올 때의
차이라고 해야 하나?

주요판례 16 동업회사를 통해 인형을 제작하였으나 동업관계를 정리하고 나온 사람이 캐릭터 디자인을 저작물로 등록한 경우 회사는 그 인형을 판매할 수 없나요?
【서울중앙지방법원 2013. 4. 12. 결정 2012카합2485 결정】

저작물의 저작자는 원칙적으로 저작물을 창작한 자이나 예외적으로 업무상 저작물로서 법에서 정한 요건을 갖춘 때에는 법인이나 단체 그 밖의 사용자가 저작자가 된다. 어떤 저작물이 업무상 저작물로 성립하기 위해서는 성립요건을 갖추어야 한다. 업무상 저작물의 성립요건은 법인이 나서서 기획하고 법인의 업무에 종사하는 자에 의해서 작성되어야 하고 업무상 작성하는 저작물이어야 한다. 또한 법인 등의 명의로 공표되어야 한다.

동업자, 퇴사 후 인형 저작자라 주장하며 가처분신청

인형의 제조 및 판매를 목적으로 설립된 동업회사의 발행주식 일부를 보유하고 있는 이 사건의 동업자는 회사에서 퇴사한 후 동업회사가 제작하여 판매하는 인형들이 자신의 아이디어 및 비용으로 창작된 것이므로 자신이 인형 디자인의 저작자라고 주장하였다. 그리고는 동업회사가 자신의 허락 없이 인형을 판매함으로써 자신의 인형 디자인에 대한 복제권과 배포권을 침해하고 있으므로 판매를 금지하여 달라는 가처분신청을 하였다면 법원에서 받아들여질 수 있을까?

【서울중앙지방법원 2013. 4. 12. 결정 2012카합2485 결정】

인형협회 라벨 표시로 디자인 창작자 소명 안 돼

저작권법에 따라 저작물의 복제권, 배포권 등의 저작권을 가지는 저작자는 저작물을 창작한 자를 말하므로 이 사건 동업자가 저작권법에 따른 저작자로서 권리행사를 하기 위해서는 인형디자인의 창작자가 자신임을 소명해야 한다. 그런데 이 사건에서 동업자는 동업회사의 대표이사 등과 함께 인형 제조 및 판매 등을 목적으로 하는 여러 회사를 경영하면서 일종의 동업을 하였고 그 과정에서 자신이 소속된 인형협회의 회장이라는 사실을 적극적으로 홍보하여 인형 판매 등의 영업에 활용하였다. 그러한 이유로 인형에 자신이 소속된 인형협회 명칭이 있는 라벨을 붙였고 인형의 제작 및 판매 등 영업 과정에서도 이 사건 동업자가 소속된 인형협회라는 명칭을 대외적으로 널리 사용하였던 사실이 있다.

이에 대해서 법원은 이 사건 동업자 개인의 창작물임을 표현하는 의미에서 인형협회라는 명칭을 사용한 것으로 볼 수 없고 인형협회가 디자인하였다는 취지의 인형라벨 표시가 대외적으로 이 사건 동업자 개인이 인형 디자인의 창작자라는 취지의 표시로 인식되고 있다고는 보기 어렵다는 판단을 하였다.

소속직원들이 창작자일 가능성 있어 가처분신청 기각

그리고 동업회사에는 직접 인형을 디자인하고 제작하는 직원들이 여러 명 있었고 이들이 인형 디자인 및 제작에 관여하였던 바 직원들이 이 사건 동업자로부터 창작과 관련된 구체적인 지시를 받아 인형 디자인 및 제작을 하였다는 점에 대한 소명이 부족하였다. 또한 이 사건 동업자는 인형 디자인을 캐릭터 형태로 만들어 한국저작권위원회에 저작물 등록을 했다고 주장하지만 그 저작물 등록은 본 가처분신청을 하기 이틀 전에 비로소 이루어졌고 등록된 저작자의 명의 또한 자신의 딸이었던 점에 비추어 보면 동업회사나 그 소속 직원들이 자신들의 사상이나 감정을 표현한 창작물로서 실제 창작자일 가능성을 배제하기 어렵다고 보아 가처분신청을 받아들이지 아니하였다.

업무상 저작물의 저작자는 원칙상 법인으로 인정

위 사건에서 동업회사 소속 직원들이 대부분 직접 인형을 디자인하고 제작하였고, 특별히 동업자의 구체적이고 직접적인 창작과 관련된 지시를 받아 직원들이 기계적으로 제작하지 아니하였기 때문에 법인 명의로 공표된 저작물이다. 그러므로 계약이나 근무규칙에서 특별히 정한 바 없다면 저작자는 법인이 될 것이다. 이는 대부분 피용자들이 급여를 받고 일을 하게 되고 투자비용 등을 법인이 부담하기 때문인데, 만약 특출한 능력을 가진 디자이너라서 근로계약을 체결할 때 저작물에 대한 권리를 인정받을 수 있도록 하였다면 급여를 받는 피용자인 디자이너라고 하더라도 저작권을 인정받을 수 있을 것이다.

업무상 저작물

저작권법 제2조 제31호에서는 '업무상 저작물'은 법인·단체 그 밖의 사용자(이하 '법인 등'이라 한다)의 기획 하에 법인 등의 업무에 종사하는 자가 업무상 작성하는 저작물을 말한다고 정의하고 제9조에서는 "법인 등의 명의로 공표되는 업무상저작물의 저작자는 계약 또는 근무규칙 등에 다른 정함이 없는 때에는 그 법인 등이 된다."라고 규정하여 업무상 저작물의 저작자를 원칙적으로 법인으로 보고 있습니다.

업무상 저작물의 성립 요건

어떤 저작물이 업무상 저작물로 성립하기 위해서는 다음과 같은 요건들을 모두 갖추어야 합니다.

첫째, 법인 등이 저작물의 작성을 기획하였어야 합니다.

둘째, 법인 등의 업무에 종사하는 사람에 의하여 작성되었어야 합니다.

셋째, 업무상 작성하는 저작물이어야 합니다. 직원이 작성하였다 할지라도 그것이 그 사람에게 주어진 업무범위가 아닌 때에는 업무상 저작물이라고 할 수 없습니다.

넷째, 법인 등의 명의로 공표되어야 합니다.

마지막으로 계약 또는 근무규칙에 다른 정함이 없어야 합니다. 만약 법인 등과 직원 사이에 실제 작성자를 저작자로 하는 특약이 있다면 이에 따라 직원이 저작자가 될 것입니다.

04 서체엔 없어도 그 프로그램에 있는 것은?

수수께끼를 하나 내고 싶다.
서체에는 없지만 서체 프로그램에 있는 것은 뭘까?
현행 저작권법상 서체도안은
저작물성을 인정하기 어려워
등록의 대상이 되지 아니한다고 되어 있다.
이는 서체도안이 실용적인 기능과 별도로
하나의 독립적인 예술적 특성이나 가치를
가지고 있지 않는 한 서체 그 자체의
저작물성은 부정된다는 얘기다.
결론적으로 단순한 서체도안은
저작권이 보호되지 않고
서체 프로그램은 저작권이 보호된다고 볼 수 있다.
저작권으로 보호되지 않는 서체와
저작권으로 보호되는 프로그램으로서의 서체파일은
명확히 구분되어야 할 것이다.

주요판례 17　글자체는 저작권으로 보호받을 수 있나요?
【대법원 1996. 8. 23. 선고 94누5632 판결】

관련 판결　【대법원 2001. 5. 15. 선고 98도732 판결,
서울중앙지방법원 2011. 8. 24. 선고 2011가합17576 판결】

글자체를 개발한 개발자들은 저작물의 제명을 '산동체모음', '안상수체모음', '윤체b', '공한체 및 한체모음' 으로 하여 각 저작물의 종류는 미술저작물로, 등록의 내용을 저작물최초공표연월일등록으로 하여 저작권 등록신청을 하였다.

그런데 현행 저작권법상 서체도안은 저작물성을 인정하기 어려워 등록의 대상이 되지 아니한다는 취지로 각 저작권등록신청을 반려하는 처분을 받았고 이에 대해 개발자들이 법원에 저작권등록반려처분을 취소하여 달라는 청구를 하였다면 받아들여질 수 있을까? 【대법원 1996. 8. 23. 선고 94누5632 판결】

서체도안 저작권등록신청 반려 처분에 개발자들 취소소송

저작권법 제2조 제1호는 '저작물' 이란 인간의 사상 또는 감정을 표현한 창작물을 말한다고 규정하고 있고, 위와 같은 저작물 중의 하나로서 같은 법 제4조 제1항 제4호는 회화·서예·조각·판화·공예·응용미술저작물 그 밖의 미술저작물을 들고 있으며 같은 법 제53조 제1항은 저작자는 자신의 실명·이명(공표 당시에 이명을 사용한 경우에 한한다.)·국적·주소 또는 거소를 등록할 수 있다고 하고, 같은 조 제3항은 저작자로 실명이 등록된 자는 그 등록저작물의 저작자로, 창작연월일 또는 맨 처음의 공표연월일이 등록된 저작물은 등록된 연월일에 창작 또는 맨 처음 공표된 것으로 추정한다고 규정하고 있다.

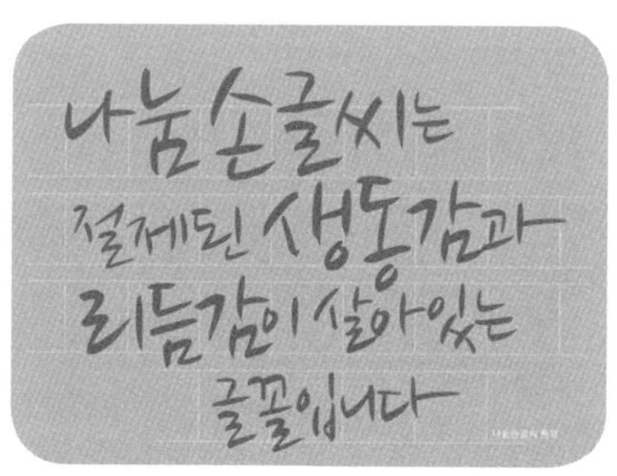

개발자들, "관청이 등록대상의 저작물성 등 심사할 권한 없다"

개발자들의 주장에 따르면 자신들이 신청한 서체도안은 일반적으로 타이프페이스(type face, typogra-phical design), 글자꼴 등으로 불리는 것으로서 그 개발에 창작자의 정신적 노력과 많은 시간 및 비용을 필요로 하고 있는 점에서 개발자에게 일정한 권리를 부여하여 보상을 할 필요가 있다고 보았다.

또한 서체도안 자체에 포함되어 있는 창작성을 부인할 수 없으며 저작권법은 등록에 관한 규정을 두고 있을 뿐 등록신청에 대한 심사절차 등을 규정한 바 없으므로 저작권 등록신청이 있는 경우 등록관청으로서는 등록신청대상의 저작물성을 비롯한 실체적 권리관계까지 심사할 권한은 없다고 보아야할 것이라고 했다.

따라서 이 사건 신청은 저작권에 관한 최초발행 또는 공표연월일의 등록신청으로서 향후 창작의 선후가 문제될 경우 이를 명백히 하기 위하여 이 사건 신청에 이른 것으로서 법령이 정하고 있는 형식적인 요건을 모두 갖추고 있다는 것이다.

저작권법상 등록관청은 저작물 해당여부 형식적 심사권한 있어

이에 대하여 법원은 현행 저작권법이나 같은 법 시행령이 등록관청의 심사권한이나 심사절차에 관하여 특별한 규정을 두고 있지 않다고 하더라도 등록관청으로서는 당연히 신청된 물품이 우선 저작권법상 등록대상인 '저작물'에 해당될 수 있는지 여부 등의 형식적 요건에 관하여 심사할 권한이 있다고 보았다.

다만 등록관청이 그와 같은 심사를 함에 있어서는 등록신청서나 제출된 물품 자체에 의하여 당해 물품이 우리 저작권법의 해석상 저작물에 해당하지 아니함이 법률상 명백한지 여부를 판단하여 그것이 저작물에 해당하지 아니함이 명백하다고 인정되는 경우에는 그 등록을 거부할 수 있지만, 더 나아가 개개 저작물의 독창성의 정도와 보호의 범위 및 저작권의 귀속관계 등 실체적 권리까지 심사할 권한은 없다고 기준을 제시하였다.

현행 저작권법상 서체도안의 저작물성은 인정하기 어려워

그리고 저작물 등록신청을 하면서 제출한 등록신청서 및 '산동체모음', '안상수체모음', '윤체b',' 공한체 및 한체모음' 등 이 사건 서체도안들이 저작물로 인정될 수 있는지에 대해서 법원은 개발자들이 우리 저작권법상의 응용미술작품으로서의 미술저작물에 해당한다고 주장하지만 저작물 등록을 신청한 이 사건 서체도안들은 우리 민족의 문화유산으로서 누구나 자유롭게 사용하여야 할 문자인 한글 자모의 모양을 기본으로 삼아 인쇄기술에 의해 사상이나 정보 등을 전달한다는 실용적인 기능을 주된 목적으로 하여 만들어진 것임이 분명한 바, 위와 같은 인쇄용 서체도안에 대하여는 일부 외국의 입법례에서 특별입법을 통하거나 저작권법에 명문의 규정을 둠으로써 법률상의 보호 대상임을 명시하는 한편 보호의 내용에 관하여도 일반 저작물보다는 제한된 권리를 부여하고 있는 경우가 있기는 하다.

그러나 우리 저작권법은 서체도안의 저작물성이나 보호의 내용에 관하여 명시적인 규정을 두고 있지 아니하며 이 사건 서체도안과 같이 실용적인 기능을 주된 목적으로 하여 창작된 응용미술작물은 거기에 미적인 요소가 가미되어 있다고 하더라도 그 자체가 실용적인 기능과 별도로 하나의 독립적인 예술적 특성이나 가치를 가지고 있어서 예술의 범위에 속하는 창작물에 해당하는 경우에만 저작물로서 보호된다고 해석되는 점 등에 비추어 볼 때 우리 저작권법의 해석상으로는 이 사건 서체도안은 신청서 및 제출된 물품 자체에 의한 심사만으로도 저작권법에 의한 보호 대상인 저작물에는 해당하지 아니함이 명백하다고 보았다.

타인의 컴퓨터 서체디자인을 이용한 상품제작·판매는 저작권 침해?

앞선 판결에서와 같이 글자체는 저작물로 보호받지 못한다고 하였는데 컴퓨터 서체 프로그램의 경우에는 어떨까?

　　컴퓨터 서체 디자이너인 갑은 자신의 서체 프로그램을 등록하고 판매하여 왔다. 그런데 온라인 쇼핑몰을 운영하고 있는 을이 고객으로 하여금 인터넷 사이트에서 자신이 구입할 귀금속 제품에 장식될 글자와 서체를 직접 선택하도록 한 뒤, 선택된 서체를 이용한 글자로 귀금속 제품을 장식하여 제작·배송하는 방법으로 영업을 해 온 것을 알았다. 하여 갑은 자신의 허락을 받지 아니한 채 이 사건 서체를 이용하여 상품을 제작하여 판매한 행위 및 상품 홍보문구를 작성하여 쇼핑몰 사이트에 게재한 행위는 자신의 복제권 등 저작재산권 침해에 해당한다며 손해배상청구소송을 제기하였다. 【대법원 2001. 5. 15. 선고 98도732 판결, 서울중앙지방법원 2011. 8. 24. 선고 2011가합17576 판결】

갑의 서체파일, 저작물로 인정… 을, 갑의 복제권 침해로 손해배상

　　법원은 이 사건 서체 파일의 소스코드는 컴퓨터 내에서 특정한 모양의 서체 윤곽선을 크기, 장평, 굵기, 기울기 등을 조절하여 반복적이고 편리하게 출력하도록 특정한 결과를 얻기 위해 프로그래밍 언어로 제작된 표현물이고 컴퓨터 프로그래밍 언어로 구성된 좌표값과 좌표값을 연결하는 일련의 지시, 명령으로 이루어져 있으므로 저작권법에 의해 보호되는 컴퓨터 프로그램 저작물로 보았다.

　　또한 쇼핑몰 운영자인 을은 이 사건 서체를 이용하여 만든 상품이 새로운 저작물에 해당하므로 위와 같은 행위가 이 사건 서체에 관한 저작권을 침해하는 것이 아니라는 취지로 주장하였지만 저작자의 허락 없이 타인의 저작물을 이용하여 새로운 저작물을 작성하는 행위 또한 저작권을 침해하는 행위라고 보아 갑의 복제권을 침해한 것이므로 을의 손해배상 책임을 인정하였다.

갑의 서체도안 자체는 저작물 아냐… 을의 동일성유지권 침해 없음

　　갑은 을에 대해서 동일성유지권 침해도 주장하였는데, 법원은 이 사건 서체

파일에서 프로그램에 해당하여 저작권법에 의하여 보호받는 부분은 프로그램에 의하여 추출된 대략의 윤곽선을 수정하면서 최종적인 좌표값과 연결명령어를 설정하는 작업을 함으로써 소스 코드에 수정 또는 변경되어 있는 좌표값과 그 연결명령어 부분에 한정되는 것이라고 했다.

갑이 먹 작업 등을 통해 작성한 서체 도안 자체는 저작권법에 의하여 보호되는 저작물에 해당하지 아니하므로, 온라인 쇼핑몰에서 고객들에게 귀금속을 장식할 서체 도안의 목록을 제시하면서 이 사건 서체 도안의 명칭을 편의에 따라 번호로 호칭한 행위가 갑의 이 사건 서체 파일에 관한 동일성유지권을 침해한다고 볼 수 없다는 판결을 통하여 단순한 서체 도안과 서체 프로그램의 차이점을 명확히 하였다.

05 직장인 '무대리'의 창업… "나는 문제없어~"

저작권법에서 2차적 저작물은
독자적 저작물로 보호된다.
문제는 2차적 저작물이 원작에 기초한(based on)
것이라면 원저작자의 허락을 받지 아니하고
창작하여 대중에게 배포할 경우,
저작권 침해에 해당하며
민·형사상의 책임을 져야 한다는 점이다.
더 나아가 원작에 영감을 받은(inspired by)
것이라도 도덕적 표시를 할 필요가 있다.

주요판례 18 요리주점 체인 사업자가 유명만화 캐릭터의 이름을 상호로
등록하고 그와 유사한 캐릭터 도안을 홍보에 사용하였다면
이는 유명만화 캐릭터의 저작권을 침해하는 것인가요?
【대구지방법원 2008. 7. 31. 자 2008카합286 결정】

요리주점의 무대리 캐릭터가 문제가 된 이번 사건은 법원이 유명만화가의 무대리 캐릭터에 의거하여 작성된 것을 인정하면서도 실질적 유사성을 부정함으로써 어쨌든 직장인 '무대리'의 창업은 문제없게 되었다.

유명 만화가의 '무대리' 유사 캐릭터를 쓰는 요리주점이 생겼다!

직장인 무용해를 주인공으로 한 만화《용하다 용해》를 저작하여 전국적으로 배포되는 스포츠서울 신문 등에 연재하고 있는 만화가 갑이 있다. 그는 '무대리'라는 상호를 사용하는 요리주점의 체인사업을 목적으로 하는 창업연구소의 대표이사 을이 위 창업연구소와 위 체인사업에 관한 홍보를 위한 홈페이지에 유사 캐릭터 도안을 게시하거나 이를 사용한 인쇄물·간판 등을 '무대리' 요리주점의 영업에 사용하고 있다는 이유로 법원에 저작권 침해 금지가처분을 제기하였다. 과연 승소하였을까? 【대구지방법원 2008. 7. 31. 자 2008카합286 결정】

만화가, 저작인격권과 2차적 저작물 작성권 침해 주장

갑은 자신의 동의 없이 저작물인 '무대리 캐릭터'에 의거하여 을이 유사 캐릭터 도안을 작성·게시하였고, 유사 도안 및 그 사용물은 무대리 캐릭터와 실질적으로 유사하여 무대리 캐릭터에 대하여 가지는 갑의 저작인격권과 2차적 저작물 작성권을 침해했다고 주장하였다.

이에 대해 을은 '무대리'라는 명칭에 대해서는 저작권을 주장할 수 없고, 을이 이미 자신이 만든 캐릭터(이하 '대상 캐릭터'라고 함)를 사용하는 서비스표권 등록을 하고, '무대리' 명칭에 관하여 상표권 등록을 하였으므로, 대상 캐릭터와 함께 '무대리' 명칭을 표시하였더라도 갑의 저작권을 침해하는 것으로 볼 수 없다고 주장했다. 또한 무대리 캐릭터와 대상 캐릭터는 실질적인 유사성이 없고, 가령 유사한 점이 인정된다고 하더라도 그러한 유사점은 아이디어에 불과하여 표현으로 보호될 수 없는 것이므로, 대상 캐릭터의 표시가 저작권 침해에 해당한다고 볼 수 없다고 반박하였다.

'무대리' 캐릭터는 독창적 창작물로서 저작재산권 지녀

먼저 무대리 캐릭터가 저작물에 해당하는지에 대하여 법원은 캐릭터란 대중매체를 통하여 등장하는 인물이나 동물, 물건 등의 특징, 명칭, 성격, 도안, 동작 등을 포함하며, 상품이나 서비스, 영업에 수반하여 고객흡인력 또는 광고효과라는 경제적 가치를 지니는 것을 의미하는데, 캐릭터도 문학·학술 또는 예술의 범위에 속하는 창작물이라고 볼 수 있는 한 그 내용에 따라 어문저작물, 미술저작물 또는 영상저작물에 해당하여 원칙적으로 저작권법의 보호대상이 된다고 보았다.

만화 《용하다 용해》의 주인공 무대리.

요리주점 체인업체의 무대리.

이에 따라 직장인인 무대리 캐릭터는 3등신, 둥글납작한 얼굴에 졸린 눈, 들창코, 크고 도톰한 입술, 덥수룩한 머리, 통통하고 짧은 팔과 다리 등의 형태로 나타내어 전체적으로 어리숙하고 바보스러워 누구나 친근감을 느낄 수 있는 모습을 특징적으로 표현한 것이어서, 만화가 나름대로의 정신적 노력의 소산으로서의 특성이 부여되어 있고, 다른 저작자의 기존의 작품과 구별할 수 있을 정도에 이르렀다고 봄이 상당하므로, 저작권법에서 요구하는 창작성의 요건을 충족하여 만화가 갑은 무대리 캐릭터의 저작권자로서 저작인격권 및 저작재산권을 가진다고 보았다.

'무대리' 명칭은 사상 또는 감정을 표현한 저작물이 아냐

그렇다면 을의 행위를 저작권 침해로 인정하기 위해서는 주관적 요건으로 침해자가 저작권이 있는 저작물에 '의거'하여 그것을 이용하였을 것과 객관적 요건으로 침해저작물과 피침해저작물과의 실질적 유사성이 있을 것이 요구되었다.

을이 무대리 캐릭터에 의거하여 대상 캐릭터를 작성하였다고 볼 수 있는지 여부에 대해서 법원은 갑은 1999년 3월경부터 현재까지 전국적으로 배포되는 여러 스포츠신문, 무가지 등에 무대리를 주인공으로 한 만화《용하다 용해》를 연재하였고, 1999년 6월경부터는 위 만화를 수권의 단행본으로 발간하기도 했던 사실이 있음을 인정하였다.

한편, 을은 2003년 8월경 '무대리'라는 명칭에 대하여 상표등록을 신청하고 이를 상호로 한 요리주점 체인사업을 시작하였는데, '무대리' 요리주점 체인사업 홈페이지 브랜드 소개란에 '스포츠서울 신문에 인기리에 연재되고 있는 직장인 만화 무대리를 연상케 하는 친숙한 브랜드'라고 설명하고 있는 사실에 비추어 보면, 을이 무대리 캐릭터가 등장하는 만화를 볼 수 있는 기회가 있었다고 봄이 상당하므로, 을은 무대리 캐릭터에 의거하여 대상 캐릭터를 작성한 것으로 추인된다고 판단하였다.

하지만 법원은 양 캐릭터 사이에 실질적 유사성이 있는지에 대하여는 부정적인 판단을 하였다. 살펴보면 판단의 기준과 대상에 있어 만화의 제호나 그 만화에 등장하는 주인공의 명칭에 불과한 '무대리' 명칭 자체는 사상 또는 감정의 표현이라고 보기 어려워 저작물로서 보호받을 수 없으므로, 대상 캐릭터와 무대리 캐릭터의 실질적 유사성을 대비함에 있어서는 '무대리' 명칭을 표시하는 부분을 제외한 시각적 표현물인 대상 캐릭터만을 비교의 대상으로 확정하였다.

'무대리'에 의거한 대상 캐릭터 제작에도 유사성은 부정

또한 양 캐릭터를 대비하여 무대리 캐릭터와 대상 캐릭터는 머리카락의 모양(무대리 캐릭터의 경우 복슬복슬한 더벅머리에 정수리 부분만 뒤쪽 혹은 옆으로 뾰족하게 세워져 있고, 머리카락 중 빛에 반사된 모양이 하얀색으로 선명하게 대비되어 표현된 데 비해, 대상 캐릭터의 경우 더벅머리이긴 하나 전체적으로 날카롭게 표현되어 앞쪽으로 뻗어 있고, 머리카락 중 빛에 반사된 모양이 선명하지 않고 회색으로 표현되어 있다.), 복장(무대리 캐릭터가 주로 양복을 입고 있는 단정한 모습을 표현한 데 비해, 대상 캐릭터는 거의 옷을 벗은 상태에서 하트무늬가 들어간 팬티를 입고 넥타이만을 걸친 상태여서 무대리 캐릭터와 같은 깔끔한 인상을 주지 못한다.), 표정(무대리 캐릭터의 경우 둥글 넙적한 얼굴에 익살스럽고 귀여운 표정을 하여 전체적으로 어리숙하지만 친근감이 느껴지고, 대상 캐릭터의 경우 머리카락의 모양이나 눈의 모양 등이 전체적으로 날카롭게 처리되어 무대리 캐릭터와 같은 귀엽고 친숙한 느낌을 주지 못한다.) 등 구체적인 캐릭터의 묘사에서도 차이가 있으므로, 각 캐릭터의 창작적 표현이 실질적으로 유사하지 아니하므로, 대상 캐릭터가 무대리 캐릭터에 대한 저작권을 침해하지 않는다는 결론을 내렸다.

실질적 유사성 판단이 너무 형식적·부분적이라 아쉬움 남아

이처럼 법원은 무대리 캐릭터가 저작권법의 보호대상이 되는 저작물이며, 만화가는 무대리 캐릭터의 저작권자로서 저작인격권 및 저작재산권을 가진다고 보았고 무대리 요리주점 체인사업의 대표이사가 사용한 대상 캐릭터가 무대리 캐릭터에 의거하여 작성된 것까지도 인정하였다.

그럼에도 판단 기준에서 무대리 명칭을 제외하고 단순히 두 그림이 조금 다르고 대상 캐릭터가 좀 더 좋은 이미지로 그려지지 못하였다는 취지의 결정은 실질적 유사성 판단을 너무 형식적이고 부분적으로 한 것이 아닌가 하는 아쉬움이 남는 판결이다.

01 '기능적 저작물'의 독창성 드러내기

'기능적 저작물'은 대체적으로 예술적 특성보다는
기능이나 실용에 초점을 맞춰서 만들어진 저작물이다.
하지만 저작권법이 보호하고 있는 것은
사실 그 '기능적 저작물'이 가지고 있는
기술·사상이 아니라 창작성 있는 표현이다.
창작성 있는 표현이 없다면
기능적 저작물로서 인정될 수 없다.

주요판례 19   이미 존재하는 아파트 평면도 및 배치도 형식을 다소 변용한 평면도 및 배치도에 건축저작물로서의 창작성을 인정할 수 있나요?
【대법원 2009. 1. 30. 선고 2008도29 판결】

관련 판결   【서울중앙지방법원 2010. 2. 12. 선고 2009가합33025 판결】

갑은 을의 허락을 받지 아니하고 을이 제작한 아파트 백과 책자 내용을 복사한 아파트 평면도 및 배치도에 갑 회사명을 기재하고 갑 회사 인터넷 홈페이지에 게재하였다. 이에 을의 저작권을 침해하였다는 공소사실로 기소되었는데 저작권법 위반으로 처벌받게 될까? 【대법원 2009. 1. 30. 선고 2008도29 판결】

건축 · 도형저작물은 '기능적 저작물'로서 표현적 제한이 많아

법원은 건축저작물을 판단함에 있어 저작권법은 제4조 제1항 제5호에서 "건축물·건축을 위한 모형 및 설계도서 그 밖의 건축저작물"을, 같은 항 제8호에서 "지도·도표·설계도·약도·모형 그 밖의 도형저작물"을 저작물로 예시하고 있다.

이에 따라 설계도서와 같은 건축저작물이나 도형저작물은 예술성의 표현보다는 기능이나 실용적인 사상의 표현을 주된 목적으로 하는 이른바 기능적 저작물로서, 그 표현하고자 하는 기능 또는 실용적인 사상이 속하는 분야에서의 일반적인 표현방법, 규격 또는 그 용도나 기능 자체, 저작물 이용자의 이해의 편의성 등에 의하여 표현이 제한되는 경우가 많으므로 작성자의 창조적 개성이 드러나지 않을 가능성이 크다고 보고 있다.

그리고 어떤 아파트의 평면도나 아파트 단지의 배치도와 같은 기능적 저작물에 있어서 저작권법은 그 기능적 저작물이 담고 있는 기술사상을 보호하는 것이 아니라, 그 기능적 저작물의 창작성 있는 표현을 보호하는 것이므로, 설령 동일한 아파트나 아파트 단지의 평면도나 배치도가 작성자에 따라 정확하게 동일하지 아니하고 다소간의 차이가 있을 수 있다고 하더라도, 그러한 사정만으로 그러한 기능적 저작물의 창작성을 인정할 수는 없고 작성자의 창조적 개성이 드러나 있는지 여부를 별도로 판단해야 한다고 보았다.

을의 아파트 평면도와 배치도는 창작성이 없어 갑의 행위는 '무죄'

이 사건에서는 아파트의 경우 해당 건축관계 법령에 따라 건축조건이 이미 결정되어 있는 부분이 많고 각 세대 전용면적은 법령상 인정되는 세제상 혜택이나 그 당시 유행하는 선호 평형이 있어 건축이 가능한 각 세대별 전용면적의 선택에서는 제약이 따를 수밖에 없었다. 그 결과 아파트의 경우 공간적 제약, 필요한 방 숫자의 제약, 건축관계 법령의 제약 등으로 평면도, 배치도 등의 작성에 있어서 서로 유사점이 많았다. 특히 이 사건 평면도 및 배치도는 기본적으로 건설회사에서 작성한 설계도면을 단순화하여 일반인들이 보기 쉽게 만든 것으로서, 발코니 바닥무늬, 식탁과 주방가구 및 숫자 등 일부 표현방식이 독특하게 되어 있기는 하지만 이는 이미 존재하는 아파트 평면도 및 배치도 형식을 다소 변용한 것에 불과한 것으로 보이는 점 등이 반영되었다.

결과적으로 이 사건은 을의 각 평면도 및 배치도에 저작물로서의 창작성이 있다고 보기 어렵다는 이유로 갑에 대해 무죄를 선고하였다.

공간 구분 사실만으로 설계도의 독창성을 인정받기는 어려워

다음 판결도 설계도의 독창적 창작성에 관련되어 있다. 문제의 설계도는 안내데스크를 기준으로 사무실을 고객공간과 내부공간으로 구분하였다. 또 내부공간은 다시 아트월을 기준으로 작업공간과 사무공간으로 구분되는데, 특히 작업공간의 경우 영업특성에 따른 동선을 고려하여 인쇄장비나 가구 등을 배치한 데에 그 독창성이 있다는 취지로 저작권 침해에 따른 손해배상을 주장한 사건이다. 【서울중앙지방법원 2010. 2. 12. 선고 2009가합33025 판결】

법원은 이 설계도의 독창성을 판단함에 있어 기존 매장 중에 이미 안내데스크를 기준으로 고객공간과 내부공간으로 구분한 지점이 있었던 사실, 작업동선에 따른 가구배치에 관해서는 협의를 거쳐 위 설계도를 작성한 사실을 근거로 삼았다. 또한 인테리어 시공 입찰에 참여한 업체들에게 가이드라인을 제시하였는데, 위 가이드라인에 내부 작업공간, 사무실, 셀프존(고객 대기공간)을 구분할 것을 요구한 사실, 나아가 인쇄나 제본 등을 주로 하는 영업장에서는 작업의 효율성을 위하여 인쇄장비 등을 한 쪽으로 모으고 사무업무를 보는 책상 등을 그와 구분하여 배치하는 것은 흔히 생각할 수 있는 공간 구성이라 할 수 있는 점 등도 참작했다.

결국 법원은 위와 같은 공간 구분 사실만으로는 위 설계도의 독창성을 인정할 수 없다는 판결을 내렸다. 다만 이 사안에서는 아트월, 안내데스크 부분의 응용미술저작물성을 긍정하여 저작권 침해에 따른 손해배상을 인정하였다.

02 펜션도 건축저작물로 보호될 수 있을까?

건축저작물은 주거성·실용성 등을 높이기 위한
기능적 요소에 대하여는 설사 그 요소에
창작성이 있다고 하더라도 저작권의 보호를 제한하고,
기능적 요소 이외의 요소를 갖춤으로써
건축물을 이루는 개개의 요소가 아닌
전체적인 외관에 창작성이 있는 경우에만
저작물로 인정받을 수 있다.
이번 분쟁의 주인공은 호텔의 합리성과
민박의 가정적 분위기를 갖춘
새로운 숙박시설인 펜션이다.

주요판례 20 저작물인 건축물과 그 외관이 유사한 건축물을 설계,
시공하면 손해배상을 해야 하나요?
【서울중앙지방법원 2013. 9. 6. 선고 2013가합23179 판결】

펜션이라는 건축물이 저작권법상 인정되는 건축저작물인지 여부를 판단하는 데 있어서는 펜션 자체가 실용성 보다는 미적 요소에 중심을 둔 건축물로 볼 수 있다는 점을 고려하여야 한다. 그렇다고 하더라도 건축예술품 정도의 예술성까지 갖출 필요는 없다.

유사 건축물을 설계·시공하고 펜션 영업에 이용한 을에 손해배상 청구

펜션, 전원주택의 설계 · 시공업 등을 영위하는 회사인 갑은 펜션 건축물의 설계 및 시공을 의뢰받아 용인시에 삼각형 도형을 형상화한 펜션 건축물을 건축하였다. 그런데 을이 자신의 건축물과 그 외관이 극히 유사한 건축물을 설계·시공하고 이를 펜션 임대 영업에 사용하고 있어 건축저작물에 관한 자신의 복제권과 저작인격권을 침해하였다는 이유로 손해배상청구소송을 제기하였다. 【서울중앙지방법원 2013. 9. 6. 선고 2013가합23179 판결】

먼저 갑이 건축한 건축물이 저작물로서 보호되는 것인지 판단해 보아야 한다. 이 때 펜션이라는 점을 어떻게 감안해야 할지도 문제가 된다. 건축저작물은 기능적 저작물이므로, 주거성, 실용성 등을 높이기 위한 기능적 요소에 대하여는 설사 그 요소에 창작성이 있다고 하더라도 저작권의 보호를 제한하고, 기능적 요소 이외의 요소를 갖춤으로써 건축물을 이루는 개개의 요소가 아닌 전체적인 외관에 창작성이 있는 경우에만 저작물로서 인정할 수 있기 때문이다.

삼각형의 미적 외형을 갖춘 갑의 펜션은 건축물로서 창작성이 충분

법원은 이 사건 건축물은 삼각형 또는 삼각텐트를 기본으로 창작자인 갑 고유의 개성적인 표현이 나타나 있고, 을이 유사한 건축물이라고 주장하는 한옥, 사원, 궁궐 등의 전통건축물이나 야외용 텐트 등과는 그 외형이 확연히 다르므로, 창작성이 있는 건축저작물이라고 봄이 상당하다고 보았다. 특히 일반적으로 펜션은 단순히 주거성, 실용성 등에 초점을 둔 건축물이 아니라 고객들의 관심을 끌 수 있는 미적인 외형을 갖추는 데 더 초점을 둔 건축물이라는 점을 고려하면, 기능적 저작물이라는 이유만으로 이 사건 건축물의 창작성이 부정된다고 보기는 어렵다고 판단하였다. 그리고 건축물이 저작물로 보호받기 위해서는 건축예술 또는 미술로 평가될 수 있을 정도의 예술성을 가질 필요는 없다고 보았다.

갑·을의 건축물은 유사하며 의거성도 충분… 복제, 성명표시권 침해

갑의 건축물에 대한 저작권이 인정된다면 을의 행위가 저작권을 침해하는지 여부를 살펴보아야 한다. 법원은 을의 건축물은 갑 건축물의 특징적 외형을 모두 갖추고 있어 그 외관에 있어 극히 유사한 사실을 인정할 수 있다고 했다. 특히 을 건축물의 출입문 상단에 추가적으로 테라스 형태의 시설물이 있다거나 건축물의 재질이 다른 부분이 있다는 것만으로는 이러한 판단을 달리하기 어렵고 을 건축물이 갑 건축물과 극히 유사하고, 갑 건축물의 외관은 갑이 운영하는 인터넷 홈페이지에 공개되어 있어 동종 업계에 종사하고 있는 을이 쉽게 접근할 수 있었을 것으로 보았다. 따라서 을이 갑 건축물에 의거하여 이를 이용하였다는 의거성 역시 추정된다고 판단했다. 결과적으로 을은 갑 건축물과 실질적으로 유사한 건축물을 건축함으로써 갑 건축물에 관한 갑의 복제권을 침해하였고, 을 건축물에 갑의 성명을 표시하지 아니함으로써 갑의 성명표시권을 침해하였다고 결론 내렸다.

자신의 건축물에 대해서 전체적 외관에 창작성을 인정받은 갑은 을이 실질적으로 유사한 건축물을 건축하여 자신의 복제권과 성명표시권을 침해하였다는 점을 인정받아 1,000만 원의 배상금을 지급받은 사건이다.

01 사진, 피사체의 변화를 꿈꾼다

사진촬영은 기계적 작용에 의존하는 부분이
많아 사진이 피사체를 충실히 복제하는 데
그치는 경우는 사진저작물로 보호받기가 어렵다.
이는 저작권법에서 사진이
저작물로 인정받을 수 있는지 여부를 판가름하는
중요한 고려 사항이기도 하다.

주요판례 21 고주파 수술기를 이용한 수술장면과 환자의 환부모습,
치료경과 등을 촬영한 사진들은 사진저작물인가요?
【대법원 2010. 12. 23. 선고 2008다44542 판결】

관련 판결 【대법원 2006. 12. 8. 선고 2005도3130 판결】

저작권법에 의하여 보호되는 저작물에 해당하기 위해서는 문학·학술 또는 예술의 범위에 속하는 창작물이어야 하고 그 요건으로서 창작성이 요구된다. 사진저작물의 경우 피사체의 선정, 구도의 설정, 빛의 방향과 양의 조절, 카메라 각도의 설정, 셔터의 속도, 셔터찬스의 포착, 기타 촬영방법, 현상 및 인화 등의 과정에서 촬영자의 개성과 창조성이 인정되어야 한다.

수술장면과 환부사진 등은 피사체를 충실히 복제하는 게 목적

문제가 된 사진들은 고주파 수술기를 이용하여 치핵절제시술을 하는 과정을 촬영한 것, 고주파 응고법에 의한 자궁질부미란 치료의 경과를 촬영한 것, 고주파 원추절제기를 이용한 시술방법을 촬영한 것, 고주파 원추절제기를 사용한 절제 직후의 환부모습과 경과를 촬영한 것 및 고주파 원추절제기로 절제한 표본들을 촬영한 것 등이다.

법원은 이러한 사진들에 대해서 모두 촬영대상을 중앙 부분에 위치시킨 채 근접한 상태에서 촬영한 것이고, 이는 모두 고주파 수술기를 이용한 수술장면 및 환자의 환부모습과 치료경과 등을 충실하게 표현하여 정확하고 명확한 정보를 전달한다는 실용적 목적을 위하여 촬영된 것임을 알 수 있으므로, 이러한 사진들이 저작권법상의 사진저작물로서 보호될 정도로 촬영자의 개성과 창조성이 인정되는 저작물에 해당한다고 보기는 어렵다고 판단하였다. 【대법원 2010. 12. 23. 선고 2008다44542 판결】

찜질방은 광고효과를 극대화하려는 개성과 창조성이 묻어나는 이미지

관련 판결로는 해운대의 음식점과 찜질방의 광고사진에 드러난 창조성의 유무을 판단한 사건이 있다. 【대법원 2006. 12. 8. 선고 2005도3130 판결】 광고사진 중 일식 음식점의 내부공간을 촬영한 사진은 단순히 깨끗하게 정리된 음식점의 내부만을 충실히 촬영한 것으로서 누가 찍어도 비슷한 결과가 나올 수밖에 없는 사진으로 보았다. 따라서 그 사진에는 촬영자의 개성과 창조성이 있는 사진저작물에 해당한다고 보기는 어렵다고 판단했다.

하지만 위 음식점 내부공간 사진과는 달리 광고사진 중 찜질방의 내부 전경 사진은 목욕을 즐기면서 해운대의 바깥 풍경을 바라볼 수 있다는 업소만의 장점을 부각시키려고 했다. 소속 촬영담당자가 유리창을 통하여 저녁 해와 바다가 동시에 보이는 시간대와 각도를 선택하여 촬영하고 그 옆에 편한 자세로 찜질방에 눕거나 앉아 있는 손님의 모습을 촬영한 사진을 배치함으로써 해운대 바닷가를 조망하면서 휴식을 취할 수 있는 최상의 공간이라는 이미지를 창출시키기 위한 촬영자의 창작적인 고려가 나타났다고 보았다. 또한 내부공간은 어떤 부분을 어떤 각도에서 촬영하는가에 따라 전혀 다른 느낌의 분위기를 나타낼 수 있으므로 누가 촬영하여도 같거나 비슷한 결과가 나올 수밖에 없는 경우에 해당한다고 보기도 어렵다는 판단이다.

그러므로 이 사진은 그 촬영의 목적 자체가 피사체의 충실한 재현에 있다거나 촬영자의 고려 역시 피사체의 충실한 재현을 위한 기술적인 측면에서만 행하여졌다고 할 수 없고, 광고 대상의 이미지를 부각시켜 광고의 효과를 극대화시키고자 하는 촬영자의 개성과 창조성을 엿볼 수 있다고 판단하였다.

02 나도 그 솔섬에 가고 싶다

영국의 한 사진작가가 한국의 솔섬을 찍었다.
그 작품은 이름 하여 '솔섬'.
국내의 한 아마추어 작가가 찍은 솔섬 유사작이
한 대기업이 주최한 여행사진 공모전에 당선되었다.
이 유사작은 그 대기업의 TV와 인터넷 광고에
이용되어 더욱 유명해졌다.
판결에서는 두 솔섬 사이에 실질적인 유사성을
인정하지 않았다.

주요판례 22 자연경관을 찍은 사진작품은 어디까지 저작권을 인정받을 수 있나요?
【서울중앙지방법원 2014. 3. 27. 선고 2013가합527718 판결】

관련 판결 【Rogers v. Koons F. 2d 301, United States Court of Appeals, Second Circuit. 1992】
【Temple Island Collections Ltd. v New English Teas Ltd. 2012】

영국출신 사진작가 갑이 2007년 '솔섬'이라는 흑백사진을 발표하면서 솔섬은 국내의 출사지로 유명세를 타기 시작했다. 2010년 대기업 을이 주최한 여행사진 공모전에서 아마추어 작가가 솔섬을 배경으로 촬영한 사진이 입선으로 당선되었고, 을은 2011년경부터 이를 TV 및 인터넷 광고에 이용하였다. 이에 대해서 갑은 자신의 허락 없이 '솔섬'을 모방한 사진을 이용하여 광고를 한 을을 상대로 3억원의 손해배상청구소송을 하게 된다. 【서울중앙지방법원 2014. 3. 27. 선고 2013가합527718 판결】

영국의 사진작가가 촬영한 '솔섬'.　　　　여행사진 공모전의 유사작.

솔섬을 찍은 사진이 공모전에 당선되어 광고에 이용되다

저작권의 보호 대상은 학문과 예술에 관하여 사람의 정신적 노력에 의하여 얻어진 사상 또는 감정을 말, 문자, 음, 색 등에 의하여 구체적으로 외부에 표현한 창작적인 표현형식이고, 표현되어 있는 내용, 즉 아이디어나 이론 등의 사상 및 감정 그 자체는 설사 그것이 독창성, 신규성이 있다고 하더라도 원칙적으로 저작권의 보호대상이 되지 않는 것이므로, 저작권의 침해 여부를 가리기 위하여 두 저작물 사이에 실질적인 유사성이 있는가의 여부를 판단함에 있어서도 창작적인 표현형식에 해당하는 것만을 가지고 대비하여야 한다. 그리고 사진저작물의 경우 피사체의 선정, 구도의 설정, 빛의 방향과 양의 조절, 카메라 각도의 설정, 셔터의 속도, 셔터찬스의 포착, 기타 촬영방법, 현상 및 인화 등의 과정에서 촬영자의 개성과 창조성이 인정되어야 한다.

이에 따라서 저작권 침해를 인정하기 위해서는 객관적으로 두 사진 간에 실질적 유사성이 있어야 하고, 주관적으로 침해자가 저작물에 의거하여 이용하였을 것을 요구하는데 이 사건에서 법원은 두 사진 간의 실질적 유사성을 부정하면서 의거성 판단은 생략하고 결론을 내렸다.

자연경관은 만인 공유의 창작적 소재… 실질적 유사성 부정

두 사진 간의 실질적 유사성에 있어 법원은 동일한 피사체를 촬영하는 경우 이미 존재하고 있는 자연물이나 풍경을 어느 계절의 어느 시간에 어느 장소에서 어떤 앵글로 촬영하느냐의 선택은 일종의 아이디어로 저작권의 보호대상이 될 수 없다고 보았다.

또한 두 사진 모두 같은 촬영지점에서 '물에 비친 솔섬을 통하여 물과 하늘과 나무가 조화를 이루고 있는 모습'을 표현하고 있어 전체적인 콘셉트나 느낌이 유사하다 하더라도 그 자체만으로는 저작권의 보호대상이 된다고 보기 어렵다고 판단했다. 왜냐하면 특히 자연경관은 만인에게 공유되는 창작의 소재로서 촬영자가 피사체에 어떠한 변경을 가하는 것이 사실상 불가능하다는 점을 고려할 때 다양한 표현 가능성이 있다고 보기 어려우므로, 전체적인 콘셉트나 느낌에 의하여 저작물로서의 창작성을 인정하는 것은 다른 저작자나 예술가의 창작의 기회 및 자유를 심하게 박탈하는 결과를 초래할 것이라고 보았기 때문이다.

구체적으로 비교하면 '솔섬' 사진은 솔섬을 사진의 중앙 부분보다 다소 좌측으로 치우친 지점에서 위치시킨 정방형의 사진인데 반하여, 공모전 사진은 솔섬을 사진의 중앙 부분보다 다소 우측으로 치우친 지점에 위치시킨 장방형의 사진으로 두 사진의 구도 설정이 동일하다고 보기 어렵다고 판단했다. 빛의 방향은 자연물인 솔섬을 찍은 계절과 시각에 따라 달라지는데 이는 선택의 문제로서 역시 그 자체만으로는 저작권의 보호대상이 되기 어려울 뿐만 아니라 두 사진은 각기 다른 계절과 시각에 촬영된 것으로 보인다고 판단했다. 또한 '솔섬'은 솔섬의 좌측 수평선 부근이 가장 밝은 데 반하여, 공모전 사진은 솔섬의 우측 수평선 부근에 밝은 빛이 비치고 있어 빛의 방향이 다르다는 점, 비록 두 사진 모두 장노출 기법을 사용하기는 하였으나 '솔섬'의 경우 솔섬의 정적인 모습을 마치 수묵화와 같이 담담하게 표현한데 반하여, 공모전 사진의 경우 새벽녘 일출 직전의 다양한 빛과 구름의 모습, 그리고 이와 조화를 이루는 솔섬의 모습을 역동적으로 표현하고 있어 위와 같은 촬영방법을 통해 표현하고자 하는 바가 상이한 점을 꼽았다. 그 밖에 카메라 셔터의 속도, 기타 촬영 방법, 현상 및 인화 등의 과정에 유사점을 인정할 만한 자료가 없는 점 등에 비추어 실질적 유사성을 부정하였다.

자연물 대상의 사진저작물 소송 아쉬움 남아

이 사건은 필자가 사진작가 측을 대리하여 진행하였던 소송이다. 상대방 로펌과도 치열하게 다투면서 많은 양의 준비서면을 써낸 사건이었고 많은 비하인드 스토리들을 남긴 사건으로 기억한다. 1심 패소로 아쉬움이 많이 남는 사건으로 필자가 이 책을 쓰고 있는 현재는 항소심이 진행 중이다. 자연물을 대상으로 한 사진저작물에 대한 소송이라는 점에서 국내 사진예술계뿐만 아니라 저작권법상 큰 의미를 가진 판결이다.

이 판결로 한 가지 확실해진 것은 소나무 등 자연물을 피사체로 사진저작권을 가진 작가들은 상업적 광고에 악의적으로 유사사진이 사용된다고 하더라도 그 유사사진이 표현방식에 있어 조금만 수정을 가해 변화를 준다면 동일한 피사체의 이미지를 사용한다고 하더라도 저작권 침해를 주장할 수 없다는 점이다. 즉, 예술사진 저작권 침해가 기계적 복사 이외에는 인정되지 않게 된 것이다. 사진저작권에 대한 고민을 통해 보다 선진국형 저작권 문화로 나아가기를 기대해 본다.

쿤스의 조각품은 로저스의 연하장 사진 〈강아지들〉의 모방작으로 인정

　그런 의미에서 외국의 판결 사례를 살펴본다. 첫 번째 사례는 쿤스의 나무조각품 〈강아지들〉(String of Puppies)로 사진작가 아트 로저스의 연하장 사진 〈강아지들〉(Puppies)을 소재로 차용한 것이다. 남녀 한 쌍이 8마리의 강아지를 안고 있는 원작과 쿤스의 조각품은 사진과 조각이라는 표현양식의 차이가 있고 푸른색으로 채색하고 강아지의 코가 과장되었으며 남녀가 머리에 꽃을 꽂는 등의 변화가 있었을 뿐 구도나 내용면에서 원작을 그대로 옮겨 놓은 작품이다.

로저스의 `강아지들`.　　　　　　　　　쿤스의 `강아지들`.

　이 사건에서 실질적인 유사성이 발견된 경우 복제자가 만든 작은 변경은 아무 효력이 없다는 점과 평범한 일반 관찰자의 기준으로 복제여부를 판단하여야 한다는 점을 시사했다. 결과적으로 쿤스는 차용으로 인한 피해보상 및 팔다 남은 작품들을 원작자에게 돌려주라는 판결을 받게 된다. 이 사건과 관련해 흑백사진을 컬러 조각으로 만들었음에도 실질적 유사성을 인정하였다는 것은 표현매체가 다르고 색깔이 다르더라도 의거성과 실질적 유사성이 인정된다면 모방작으로 인정하여야 한다는 것을 보여준 판결이다. [Rogers v. Koons F. 2d 301, United States Court of Appeals, Second Circuit. 1992]

빨간 버스와 흑백의 국회의사당 콘셉트… 영국, 아이디어 저작권법으로 보호

두 번째 사례는 사진 저작권 보호에 있어 양보다 질적인 부분에 집중하여 원작자의 아이디어 부분을 인정한 영국의 최근 판례이다. 원고 '템플'은 본래 이미지를 창조하는데 사용된 기술과 노동, 그리고 이미지 표현에 들어간 기술과 노동이 'NET'에 의해 재사용되었다며 자신의 이미지 '상당 부분'을 복제하여 저작권을 침해한 것이라는 이유로 소송을 제기하였다. 이에 대해 'NET'는 "'템플'은 빨간 버스가 들어간 흑백의 국회의사당 이미지를 독점하기 위해 저작권법을 사용할 수 없고 사원의 이미지를 복제한 적도 없다."고 반박하였다.

【Temple Island Collections Ltd. v New English Teas Ltd. 2012】

원고 템플의 사진.

피고 NET의 사진.

이에 대하여 HHJ 콜린버스 판사는 'NET'가 '템플'의 이미지를 사전에 알고 있었고, 예를 들어 'NET'의 버스가 더 크며 다른 각도에서 찍혔고 '템플' 이미지 전경에서 눈에 띄는 가로등을 복제하지 않은 것과 같은 몇몇 차이점에도 불구하고 '템플' 이미지의 '전반적인 구성요소'를 충분히 복제했음에 주목했다. 특히 복제한 점들, 예를 들어 밝고 빨간 버스와 흑백 배경을 대비한 콘셉트, 하늘과 뚜렷한 건물의 윤곽선 등은 원작의 양적 측면이 아닌 질적 측면의 '상당 부분'을 차지했다고 판단하였다. 결론적으로 'NET'는 '템플'의 저작권을 침해한 것이라는 판결을 받았다.

01 공동저작권에도 '두 사부'의 일체를 부탁해

영화 〈두사부일체〉를 기억할 것이다.
이번 사건은 공동제작한 두 사부들이
일체가 되지 못해 발생했다.
공동영상 제작자의 허락 없이 공동저작물의 지분을
일부 다른 사람에게 양도한 경우
이는 무효이고, 설사 이를 유효로 보더라도
양도된 공동저작물의 지분에 2차적 저작물 작성권은
포함될 수 없다는 기준을 제시한 판례이다.
아쉬운 점은 쟁점이랄 수 있는 〈투사부일체〉가
〈두사부일체〉의 2차적 저작물에 해당하는지
여부에 관해 법원이 그 판단을 생략하였다는 점이다.

주요판례 23 영화에 관한 저작재산권 중 자신이 보유한 지분 일부를 다른 공동영상 제작자의 동의없이 양도하면 무효가 되나요?
【서울고등법원 2008. 7. 22. 선고 2007나67809 판결】

갑은 영화를 제작하고 을은 15억 원을 투자하는 등 영화 〈두사부일체〉를 공동 제작하였다. 을은 갑의 동의 없이 자신의 저작재산권 지분의 일부를 병에게 양도하였고, 〈두사부일체〉가 상영된 이후 을의 동의하에 갑으로부터 〈두사부일체〉에 관한 저작재산권 일체를 승계받은 정은 영화 〈투사부일체〉를 제작하여 상영했다.

공동저작물에 대한 동의 없는 저작재산권 양도는 효력이 있는가?

이에 병은 〈두사부일체〉에 대한 2차적 저작물 작성권을 포함한 일체의 저작재산권은 을이 가지고 있고 그것의 일부를 자신이 양도받았으므로 자신은 〈두사부일체〉에 대한 공동 저작재산권자이고 〈투사부일체〉는 2차적 저작물 작성권을 공동 보유한 자신의 동의 없이 제작되어 저작권을 침해한 것이므로 정은 손해배상을 하여야 한다고 주장하였다. 【서울고등법원 2008. 7. 22. 선고 2007나67809 판결】

〈두사부일체〉 공동저작권은 '공동 제작' 에 기여한 갑과 을에게

먼저 〈두사부일체〉의 영상제작자가 과연 갑인지 을인지를 확정해야 한다. 법원은 갑과 을이 〈두사부일체〉의 '공동 제작' 을 위하여 영화제작계약을 체결하면서, 갑은 영화의 제작 관련 업무를, 을은 판권 거래나 투자금 등 모든 상행위 관련 업무를 각각 담당하기로 역할을 분담하여 각 해당 분야의 전체를 기획하고 책임졌다고 인정하였다. 영화산업의 발전에 따라 영화 제작의 규모가 갈수록 커지면서 영화 제작에 있어서 투자자의 역할 역시 중요시되고 있다. 영상저작물의 이용을 위하여 필요한 권리가 영상제작자에게 양도된 것으로 추정 또는 의제하는 저작권법 규정을 해석할 경우 영상제작자가 반드시 영상저작물에 창작적 기여를 한 자일 것을 요구하지 않는다는 점 등을 종합해 보면, 갑과 을은 〈두사부일체〉의 제작과 관련하여 각자 역할을 분담하여 공동으로 전체를 기획하고 그 책임을 가진 것으로 봄이 상당했다.

영상저작물의 이용을 위하여 필요한 권리가 영상제작자에게 양도된 것으로 추정 또는 의제하는 저작권법 규정

구 저작권법 제75조 ① 영상제작자와 영상저작물의 제작에 협력할 것을 약정한 자가 영상저작물에 대하여 저작권을 취득한 경우에 그 영상저작물의 이용을 위하여 필요한 권리는 영상제작자에게 양도된 것으로 본다. (위 조항은 2003. 5. 27. … "영상제작자가 이를 양도받은 것으로 추정한다"로 개정되었으며, 현행 저작권법 제100조 제1항도 이와 같다.)

따라서 을이 〈두사부일체〉의 창작에 기여하였는지 여부와 관계없이 갑과 을은 모두 〈두사부일체〉의 공동영상 제작자에 해당한다고 보았다. 결과적으로 갑과 을은 공동영상 제작자로서 〈두사부일체〉에 관한 저작재산권에 있어서는 영화제작계약에서 합의한 지분의 비율로 이를 공동 보유하는 관계에 있다.

갑의 동의 없이 병에게 양도한 을의 저작재산권은 효력이 없다

그렇다면 을이 〈두사부일체〉에 관한 저작재산권 중 자신이 보유한 지분의 일부를 다른 공동영상 제작자인 갑의 동의 없이 병에게 양도한 행위의 효력이 문제가 된다. 이에 대해서 법원은 을과 갑은 〈두사부일체〉의 제작이라는 공동사업을 위하여 을은 투자금을, 갑은 영화의 제작이라는 노무를 각 출자하고 〈두사부일체〉로 인한 수익의 배분을 정하고 있어 이 사건 영화제작계약은 일종의 조합계약의 성격을 갖는다고 했다.

특히 을과 갑은 〈두사부일체〉의 제작을 위하여 역할을 분담하여 업무를 수행하였고, 위 영화의 완성과 함께 법률의 규정 및 이 사건 영화제작 협력계약에 의하여 그 저작재산권을 공동으로 양수한 점 등을 고려하면, 을과 갑은 공동저작자의 관계에 준할 정도의 긴밀한 인적결합관계에 있으므로 구 저작권법 제45조 제1항에 의하여 을은 그가 갑과 공동보유하고 있는 〈두사부일체〉에 관한 저작재산권의 지분 전부 또는 일부를 양도함에 있어 다른 저작재산권자인 갑의 동의를 얻어야 한다. (지분의 일부를 양도한 경우와 전부를 양도한 경우를 달리 볼 이유가 없다.) 그와 같은 동의가 없는 양도는 다른 저작재산권자인 갑에게는 물론 그로부터 〈두사부일체〉에 대한 저작재산권 일체를 승계 받은 정에게도 효력이 없다고 판단하였다.

양도된 저작재산권에 2차적 저작물 작성권은 포함되지 않는다

만약 갑의 동의 없는 을의 병에 대한 저작재산권의 양도가 유효하다고 한다면 양도되는 권리에 2차적 저작물 작성권이 포함되는지 여부 또한 문제가 된다. 구 저작권법 제75조 제1항에 의하여 양도한 것으로 간주되는 권리에는 〈두사부일체〉에 관한 2차적 저작물 작성권은 포함되지 아니함이 법문으로 볼 때 명백하다. 을과 갑은 이 사건 영화제작 협력계약에 의하여 〈두사부일체〉에 관한 저작재산권 전부를 영상저작물의 제작에 창작적으로 기여한 자들로부터 양도받았다고 할 것이나, 특약으로서 명시적인 약정이 없는 한 2차적 저작물 작성권은 포함되지 아니한 것으로 추정된다. (구 저작권법 제41조 제2항) 이 사건 영화제작 협력계약을 아무리 살펴보아도 속편 제작에 관한 2차적 저작물 작성권까지 양도의 대상으로 하였다고는 보기 어려운 바, 을이 구 저작권법 제75조 제1항 또는 이 사건 영화제작 협력계약에 의하여 위 2차적 저작물 작성권 또는 그 지분을 양도받아 그 중 일부 지분을 다시 병에게 양도하였음을 전제로 한 이 사건 병의 청구는 이유가 없다고 결론 내렸다.

구 저작권법 제75조 제1항
제45조 ① 공동저작물의 저작재산권은 그 저작재산권자 전원의 합의에 의하지 아니하고는 이를 행사할 수 없으며, 다른 저작재산권자의 동의가 없으면 그 지분을 양도하거나 질권의 목적으로 할 수 없다. 이 경우 각 저작재산권자는 신의에 반하여 합의의 성립을 방해하거나 동의를 거부할 수 없다. (현행 저작권법 제48조 제1항)

구 저작권법 제41조 제2항

제41조 ② 저작재산권의 전부를 양도하는 경우에 특약이 없는 때에는 제21조의 규정에 의한 2차적 저작물 또는 편집저작물을 작성할 권리는 포함되지 아니한 것으로 추정한다. (현행 저작권법 제45조 제2항)

02 기술복제시대의 예술작품을 대하는 태도

독일의 철학자이자 비평가였던 발터 벤야민은
인간의 사고는 어떻게 설정되는가에 대한 해답을
기술에서 찾으려 했다.
그는 저서 《기술복제시대의 예술작품》에서
"예술작품의 대량 복제는 단지 산업 생산물의
대량생산과 연관이 있는 것이 아니라
대중의 태도와 연관되어 있다."고 지적했다.
그의 주장대로 기술복제시대의 예술작품은 이제
대량 생산의 문제가 아니다.
복제든 배포든 전송이든 때론 기술이
인간을 위협하기도 한다.
그가 "영화는 오늘날의 사람들이 처해 있는
증대된 삶의 위험에 상응하는 예술형식이다."라고
한 말이 더욱 섬뜩해진다.
그러니 이번 판례는 다름 아닌
기술복제시대의 예술작품을 대하는
인간의 태도를 묻고 있는 것과 같다.

주요판례 24   인터넷 이용자들이 저작권자로부터 이용허락을 받지 않은 영화 파일을 업로드하여 웹스토리지에 저장하거나 다운로드하여 개인용 하드디스크 또는 웹스토리지에 저장하면 저작권자의 복제권을 침해하는 것인가요? 그리고 공유형 웹스토리지 서비스 제공자들은 어떤 책임을 지나요? 【서울중앙지방법원 2008. 8. 5. 자 2008카합968 결정】

　　인터넷 이용자들이 저작권자로부터 이용허락을 받지 않은 영화파일을 업로드하여 웹스토리지에 저장하거나 다운로드하여 개인용 하드디스크 또는 웹스토리지에 저장하는 행위와 개인용 하드디스크에 저장된 영화 파일을 '비공개' 상태로 업로드하여 웹스토리지에 저장하는 행위의 저작권 침해 여부와 공유형 웹스토리지 서비스 제공자들의 법적 책임이 문제된 사안이다. 【서울중앙지방법원 2008. 8. 5. 자 2008카합968 결정】

영화파일을 다운로드해 웹스토리에 저장했다면 복제권 침해인가?

　　인터넷 이용자들이 저작권자로부터 이용허락을 받지 않은 영화파일을 업로드하여 웹스토리지에 저장하거나 다운로드하여 개인용 하드디스크 또는 웹스토리지에 저장하는 행위는 유형물인 컴퓨터의 하드디스크에 고정하는 경우에 해당하므로 특별한 사정이 없는 한 저작권자의 복제권을 침해한다.

　　그런데 저작권법 제30조는 이른바 사적 이용을 위한 복제를 허용하고 있으므로, 위와 같은 이용자들의 복제행위가 이에 해당하여 적법한지 여부를 법원은 두 가지로 나누어 판단했다.

업로드되어 있는 영화파일이 저작권을 침해한 파일인 경우는 불법

　　먼저 웹스토리지에 공중이 다운로드할 수 있는 상태로 업로드되어 있는 영화 파일을 다운로드하여 개인용 하드디스크 또는 비공개 웹스토리지에 저장하는 행위가 영리의 목적 없이 개인적으로 이용하기 위하여 복제를 하는 경우에는 사적 이용을 위한 복제에 해당할 수 있다고 보았다. 그러나 업로드되어 있는 영화 파일이 명백히 저작권을 침해한 파일인 경우에까지 이를 원본으로 하여 사적 이용을 위한 복제가 허용된다고 보게 되면 저작권 침해의 상태가 영구히 유지되는 부당한 결과가 생길 수 있으므로, 다운로더 입장에서 복제의 대상이 되는 파일이 저작권을 침해한 불법파일인 것을 미필적으로나마 알고 있었다면 위와 같은 다운로드 행위를 사적 이용을 위한 복제로서 적법하다고 할 수는 없다고 판단했다.

사적 이용 시, 영화파일이 불법 파일이면 '비공개' 저장 역시도 불법

다음으로 개인용 하드디스크에 저장된 영화 파일을 '비공개' 상태로 업로드하여 웹스토리지에 저장하는 행위에 관해서도, 해당 파일이 예컨대 DVD를 합법적으로 구매하여 이를 개인적으로 이용할 목적으로 파일로 변환한 것과 같이 적법한 파일인 경우라면 이를 다시 웹스토리지에 비공개 상태로 저장하는 행위 또한 사적 이용을 위한 복제로서 적법하다고 판단하였다.

그러나 해당 파일이 불법 파일인 경우라면 이를 웹스토리지에 비공개 상태로 저장하더라도 그것이 사적이용을 위한 복제로서 적법하다고 할 수는 없다고 보았다.

공유형 웹스토리지 서비스 제공자들, 이용자들의 침해 방조책임 부담

그리고 저작권 침해의 위험성이 높은 서비스를 스스로 제공하여 수익을 얻고 있고 나아가 이에 대한 관리·지배권을 갖고 있는 공유형 웹스토리지 서비스 제공자들은 이용자들에 의한 저작권 침해행위가 발생하거나 계속되지 않도록 해야 할 법적인 작위의무를 지고 있음을 인정하였다. 더불어 침해행위를 방지할 수 있었음에도 불구하고 그 결과의 발생을 의욕 또는 용인하고 이를 방관한 채 그 의무를 제대로 이행하지 아니한 것으로 판단하였다. 따라서 그들은 이용자들의 저작물에 관한 복제권·전송권 침해행위를 용이하게 해 주었으므로, 그 침해행위에 대해 방조책임을 부담한다고 보았다.

배포권이 아닌 저작권자의 공중송신권 중 전송권 침해에 해당

　법원은 인터넷 이용자들이 저작권자로부터 이용허락을 받지 않은 영화파일을 웹스토리지에 업로드한 다음 이를 공중의 다운로드가 가능하도록 설정해 놓는 행위는 공중의 구성원이 개별적으로 선택한 시간과 장소에서 접근할 수 있도록 이용을 제공하는 경우에 해당하므로 저작권자의 공중송신권 중 전송권을 침해하는 것이 된다고 보았다.

　그러나 저작권법상 '배포'는 저작물의 원작품 또는 그 복제물을 유형물의 형태로 일반 공중에게 양도 또는 대여하는 것을 말하는 것이므로, 이용자들이 저작권자로부터 이용허락을 받지 않은 영화파일을 웹스토리지에 업로드한 다음 이를 공유로 설정하여 다른 사람들로 하여금 다운로드하도록 하더라도, 이러한 행위가 배포에 해당한다고는 할 수 없다는 결론을 내렸다.

01 여행책은 무엇으로 창작성을 인정받을까?

편집물로서 그 소재의 선택·배열 또는 구성에
창작성이 있는 것은 편집저작물로 저작권법에 의해
독자적으로 보호된다.
그러나 이의 보호는 그 편집저작물의 구성부분이 되는
소재의 저작권에 영향을 미치지 않는다.
따라서 이를 구성하고 있는 각개 저작권자로부터
허락을 받지 않은 위법적인 경우도,
그 저작물의 선택·배열이 창작성을 가지면
편집저작물로서 그 저작권이 인정되지만
이를 구성하고 있는 그 각각의 저작물은
그 권리자로부터 이용 허락을 받아야 한다.

주요판례 25   여행책이 편집저작물로 보호받으려면 어떤 요소를
갖춰야 하나요?
【대법원 2011. 2. 10. 선고 2009도291 판결】

한 지인이 몇몇 국가의 중산층 기준에 관한 글을 SNS에 올려놓은 적이 있다. 그 중 하나가 '한국에서 중산층이라 함은 연 1회 이상 해외여행을 다녀와야 한 다.' 는 것이었다. 넘쳐나는 여행책들, 많은 이들에게 대리만족을 주는 여행책 속 내용들은 과연 저작물로서 보호될 것인지 궁금해진다.

월드유럽이 천하유럽을 모방해 저작권을 침해했다?

《천하유럽》이라는 여행책자를 쓴 작가는 《월드유럽》이라는 여행책자가 천하 유럽의 내용을 모방하여 배열이나 단어 일부를 바꾸는 방법으로 발간·배포된 것으로써 자신의 저작권을 침해하였다고 주장하며 《월드유럽》 작가를 형사고 소하였다. 과연 저작권법 위반으로 처벌을 받을까? 【대법원 2011. 2. 10. 선고 2009 도291 판결】

여행책자는 과연 저작물로 인정받을 수 있나?

이는 편집물인 《천하유럽》이라는 여행책자가 저작물로서 인정되기 위한 요 소를 갖추었는지 여부와 그 구성내용으로 포함되어 있는 지도가 저작물로 인 정되기 위한 요소를 갖추었는지 여부가 쟁점이다.

먼저 여행책자와 같은 일반적인 편집물의 경우 저작물로 인정받기 위해서는 일정한 방침 혹은 목적을 가지고 소재를 수집·분류·선택하고 배열하는 등의 작 성행위에 편집저작물로서 보호를 받을 가치가 있을 정도의 창작성이 인정되어 야 한다. 여기서 창작성이란 완전한 의미의 독창성을 요구하는 것은 아니라고 하더라도 적어도 어떠한 작품이 단순히 남의 것을 모방한 것이어서는 안 되고 작자 자신의 독자적인 사상이나 감정의 표현을 담고 있어야 할 것이므로, 누가 하더라도 같거나 비슷할 수밖에 없는 표현, 즉 저작물 작성자의 창조적 개성이 드러나지 않는 표현을 담고 있는 것은 창작물이라고 할 수 없다.

그리고 일반적으로 지도는 지표상의 산맥·하천 등의 자연적 현상과 도로·도
시·건물 등의 인문적 현상을 일정한 축적으로 약속된 특정한 기호를 사용하여
객관적으로 표현한 것으로서, 지도상에 표현되는 자연적 현상과 인문적 현상은
사실 그 자체일 뿐 저작권의 보호대상은 아니라고 할 것이므로, 지도의 창작성
유무를 판단할 때에는 지도의 내용이 되는 자연적 현상과 인문적 현상을 종래와
다른 새로운 방식으로 표현하였는지, 그 표현된 내용의 취사선택에 창작성이 있
는지 등이 판단의 기준이 된다.

《천하유럽》의 구성 요소의 대부분은 창작성 불인정

본 사안에서 법원은 여행책자의 구성 부분 중 "여행지의 역사, 관련 교통 및
위치 정보, 운영시간, 전화번호 및 주소, 입장료, 쇼핑, 식당 및 숙박 정보 등에 관
한 부분"은 객관적 사실이나 정보를 별다른 특색 없이 일반적인 표현형식에 따
라 있는 그대로 기술한 것에 지나지 아니하므로, 그 창작성을 인정할 수 없다고
판단하였다.

그리고 《천하유럽》에 실린 '프랑크푸르트 지도'를 살펴보면, 그 내용이 되는
마인강 등의 자연적 현상과 도로, 건물, 지하철 등의 인문적 현상이 종래의 통상

적인 방식과 특별히 다르게 표현되어 있지는 않고 그 표현된 내용의 취사선택도 일반적인 여행지도와 별반 다를 것이 없으므로, 저작물로서 보호될 만한 창작성을 인정할 수가 없다고 보았다.

다음으로 "관광지, 볼거리, 음식 등을 주관적으로 묘사하거나 설명하고 있는 부분"에 대해서는 《천하유럽》의 표현들을 구성하고 있는 어휘나 구문과 유사해 보이는 어휘나 구문이 《월드유럽》에서 일부 발견되기는 하지만 해당 관광지 등에 관하여 알려져 있는 특성과 평판 등을 이전의 다른 여행책자들에서도 쉽게 찾아볼 수 있을 정도의 통상적인 표현방식에 의하여 그대로 기술한 것에 불과하거나 누가 하더라도 같거나 비슷하게 표현할 수밖에 없어 《천하유럽》과 《월드유럽》 사이에 실질적 유사성을 부정하였다.

《천하유럽》과 《월드유럽》, 편집구성에서 유사성 부정

마지막으로 '편집구성 부분'에 대해서는 《천하유럽》의 경우 여행에 유용한 정보를 일목요연하고 편리하게 제공한다는 여행책자로서의 일정한 편집목적을 가지고, 수많은 여행지 및 그 여행지에서의 교통, 볼거리, 식당, 숙박시설 등의 여러 가지 정보들 중에서 축적된 여행경험과 지식을 바탕으로 위 편집목적에 비추어 필요하다고 판단된 정보들만을 취사선택하여 나름대로의 편집방식으로 기술한 것이라는 점에서 소재의 수집 · 분류 · 선택 및 배열에 편집저작물로서의 독자적인 창작성은 인정할 수 있다고 보았다.

하지만 《월드유럽》의 편집구성을 위와 같이 창작성이 인정되는 《천하유럽》의 편집구성과 대비해 보면, 구체적으로 선택된 정보, 정보의 분류 및 배열방식 등에서 큰 차이를 보이고 있어 이들 사이에 실질적 유사성을 부정하였다.

결론적으로 비록 두 책자가 전체적으로 도시 정보, 교통, 여행코스, 볼거리, 음식, 쇼핑, 숙박정보, 지도 등으로 구성되어 있다는 점에서 공통점이 있기는 하나

이는 다수의 여행책자가 취하고 있는 일반적인 구성형태일 뿐이어서 그에 대한 창작성을 인정할 수도 없다고 보았다.

여행책자, 편집구성만 창작성 인정… 《월드유럽》은 무죄

여행 필수품으로 여행책자를 많이 구매하게 되면서 여행책자 출판도 많아졌다. 대부분 유사한 내용을 담고 있어 저작권 침해가 아닌지 의심스러울 수 있는데 법원은 여행책자라는 편집저작물의 구성요소를 ① 역사, 교통, 위치, 전화번호 등과 같은 객관적 정보, ② 지도, ③ 볼거리와 음식 등에 대한 주관적 묘사, 설명, ④ 편집구성 등으로 나누어 각 요소별로 창작성을 판단하였다.

결론적으로는 여행책자의 특성상 편집구성 부분만 창작성을 인정받을 수 있는 여지가 있고 법원은 이를 대상으로 저작권 침해를 판단해야 한다는 기준을 제시하였다고 볼 수 있다. 이 사안에서 《월드유럽》 작가는 무죄판결을 받았다.

02 누군가 내 홈페이지를 복제하고 있다

전자상거래가 활발해지면서
인터넷 홈페이지를 통하여
많은 영업이 이루어지고 있다.
인터넷 홈페이지도 창작성이 인정되는 경우
편집저작물로서 보호받을 수 있고
홈페이지 내의 상품정보 등도
콘텐츠산업진흥법을 통하여 보호받을 수 있는
콘텐츠에 해당한다고 할 수 있다.

주요판례 26 인터넷 홈페이지도 그 구성형식, 소재의 선택이나 배열에 있어 창작성이 있는 경우에는 편집저작물로 보호받을 수 있나요? 그리고 인터넷 홈페이지에 게시된 상품정보 등은 '콘텐츠'에 해당하나요?
【서울지방법원 2003. 8. 19. 자 2003카합1713 결정】

인터넷 홈페이지가 편집저작물로 인정되는지 여부와 해당 콘텐츠가 온라인 디지털콘텐츠로 인정되는지 여부가 쟁점으로 떠올랐던 판례이다.

"넌, 누구냐?" 복제하는 사이버 인간을 잡아라

통신판매업을 하는 A회사는 인터넷 사이트를 개설하여 해외상품 물류대행서비스를 제공해 왔다. 그런데 B회사가 유사한 인터넷 사이트를 개설한 후 A회사 인터넷 사이트의 콘텐츠를 무단으로 복제하여 해외상품 물류대행서비스 영업을 영위하고 있다면 A회사는 B회사에 대하여 인터넷 사이트 사용금지 및 상품정보 사용금지 가처분을 신청할 수 있을까? 【서울지방법원 2003. 8. 19. 자 2003카합1713 결정】

침해사이트, 타 홈피의 주요 콘텐츠 복제 · 서비스 제공

A회사는 통신판매업 등을 목적으로 설립된 회사로 인터넷 사이트 'http://www.wizwid.com' (이하 '피침해사이트' 라고 한다.)을 개설했다. 회원이 피침해사이트를 경유해 해외온라인쇼핑몰에서 상품을 주문하면 그 상품을 미국에 있는 A회사의 창고에 도착하도록 한 후 고객이 지정한 국내의 수령장소까지 배송하여 전달하는 해외상품 물류대행서비스와 회원 주문에 따라 구매를 대행하고 물품을 회원에게 직접 배송하는 해외상품 구매대행서비스를 제공해 왔다.

B회사는 인터넷 사이트 'http://www.saywiz.com' (이하 '침해사이트' 라고 한다.)을 개설한 후 피침해사이트상의 제품설명 등 상품정보, 광고문구, 서비스안내 등의 콘텐츠를 복제하거나 극히 일부분을 변형한 콘텐츠를 침해사이트에 게시하거나 이를 이용한 서비스를 제공해 A회사와 동일한 해외상품 물류대행서비스, 구매대행서비스업을 하고 있었다. 또한 피침해사이트 및 A회사가 회원들에게 발송하는 메일상의 콘텐츠를 복제해 B회사 회원발송 전자메일에 사용했다.

디지털 콘텐츠, 콘텐츠산업진흥법으로 전면개정 적용

관련 법률로서 구 온라인디지털콘텐츠산업발전법 제2조 제1호, 제2호에 따르면 "디지털 콘텐츠"라 함은 부호·문자·음성·음향·이미지 또는 영상 등으로 표현된 자료 또는 정보로서 그 보존 및 이용에 있어서 효용을 높일 수 있도록 전자적 형태로 제작 또는 처리된 것을 말한다. '온라인 디지털 콘텐츠'라 함은 정보통신망이용촉진 및 정보보호 등에 관한 법률 제2조 제1항 제1호의 규정에 의한 정보통신

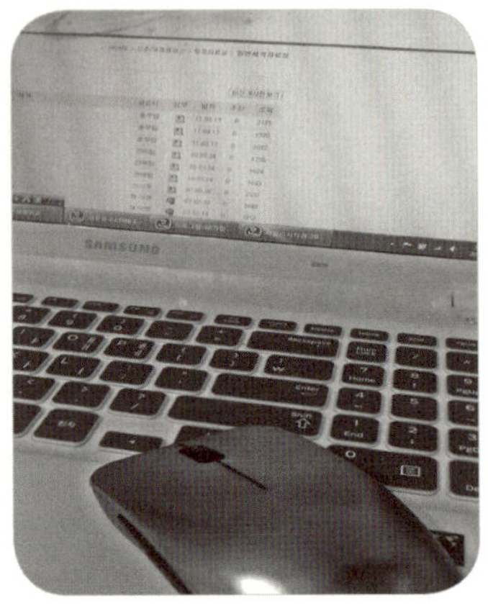

망에서 사용되는 디지털 콘텐츠를 말한다고 각 규정하는 한편, 제18조 제1항에서 '누구든지 정당한 권한 없이 타인이 상당한 노력으로 제작하여 표시한 온라인콘텐츠의 전부 또는 상당한 부분을 복제 또는 전송하는 방법으로 경쟁사업자의 영업에 관한 이익을 침해하여서는 아니 된다.'라고 규정하고 있다.

구 온라인디지털콘텐츠산업발전법

변화된 콘텐츠산업 환경에 따라 2010. 12. 11.부터 종전의 '온라인디지털콘텐츠산업발전법'의 전부 개정법률로서 종전의 규정을 갈음하여 '콘텐츠산업진흥법' 조항을 적용하게 되었다.

제18조 제1항

현재 콘텐츠산업진흥법에서는 제2조 제1항 제1호에서 '콘텐츠'란 부호 · 문자 · 도형 · 색채 · 음성 · 음향 · 이미지 및 영상 등(이들의 복합체를 포함한다.)의 자료 또는 정보를 말한다고 규정하고 있다. 그리고 제37조 제1항에서는 "누구든지 정당한 권한 없이 콘텐츠제작자가 상당한 노력으로 제작하여 대통령령으로 정하는 방법에 따라 콘텐츠 또는 그 포장에 제작연월일, 제작자명 및 이 법에 따라 보호받는다는 사실을 표시한 콘텐츠의 전부 또는 상당한 부분을 복제 · 배포 · 방송 또는 전송함으로써 콘텐츠제작자의 영업에 관한 이익을 침해하여서는 아니 된다."라고 새롭게 규정하고 있다.

피침해사이트의 상품정보·구성형식… 편집저작물로 인정

　그렇다면 A회사의 인터넷 홈페이지가 그 구성형식, 소재의 선택이나 배열에 있어 창작성이 있는 경우에는 이른바 편집저작물에 해당하여 독자적인 저작물로 보호받을 수 있는데, 사안에서 B회사가 피침해사이트로부터 복제하여 침해사이트에 게시하거나 B회사의 회원들에게 전자메일을 이용하여 전송한 A회사의 상품정보 등은 구 온라인디지털콘텐츠산업발전법 소정의 '온라인디지털콘텐츠'에 해당하여 보호의 대상이 될 뿐만아니라 그 상품정보 등의 구성형식이나 배열, 서비스 메뉴의 구성 등은 편집저작물로 볼 수도 있다고 판단하여 A회사의 가처분 신청을 인정하여 받아들였다. 타인의 홈페이지 구성형식이나 상품정보를 복제하여 사용하는 경우 이처럼 저작권 침해라는 결과로 이어진다는 사실을 명심해야 한다.

01 아이디어에서 저작물까지···
'No pain, no gain!'

저작권법은 기존의 저작물을
있는 그대로 보호하는 데만 집중돼 있지 않다.
새로운 저작물을 만들어
문화발전을 통한 사회적 이익에 부합하도록
권리의 조정을 꾀하기 때문이다.
저작권법 제28조의 공표된 저작물에 대한
인용의 해석이 그러한 의지의 피력이다.
창작은 '고통이 없으면 얻는 것도 없다!'

주요판례 27 손바닥과 손등의 그림을 놓고 손의 각 부분에 수지침
위치를 표시한 그림을 도형저작물로 볼 수 있나요?
【서울중앙지방법원 2008. 10. 9. 선고 2006가합83852 판결】

《고려수지요법강좌》와 《고려수지학강좌》를 저술한 갑이 자신의 서적에서 사용한 표현이 저작물에 해당하고 이를 무단으로 인용하여 《홍채와 수지침 30분》이라는 책을 출판한 을에 대해 자신의 저작권을 침해한 것이라며 침해금지와 손해배상을 청구하였다. 승소하였을까? 【서울중앙지방법원 2008. 10. 9. 선고 2006가합 83852 판결】

수지부 표현방식 등에 저작물성이 인정될까?

먼저 갑의 영문 알파벳과 아라비아 숫자를 이용한 14기맥과 345개 혈점의 표현방식이 저작물에 해당하는지 여부 및 갑이 사용한 전체적인 서적표현이 어문저작물이나 도형저작물에 해당하는지 여부가 문제되었다. 이를 저작물로 인정할 수 있다면 을의 서적표현이 갑의 서적표현과 실질적으로 동일한지 여부가 쟁점이 된 사건이다.

기맥·혈점의 표현방식은 아이디어 수준으로 저작물 아냐

갑이 저술한 서적의 수지침 이론은 ① 손을 인체의 축소형으로 보고, 크게 손바닥은 인체의 앞부분, 손등은 인체의 뒷부분, 중지는 사람의 머리, 2지와 4지는 양팔, 1지와 5지는 양다리에 해당하며, 인체의 특정 부위에 이상이 생겼을 경우에 그와 연관된 손의 상응부위에 통증이 나타나고, 그 상응점을 자극하여 치료한다는 상응요법, ② 손가락 중 1지는 간장, 2지는 심장, 3지는 비장, 4지는 폐, 5지는 신장과 관계되어 있어 오지에 발생된 상처나 기형 등을 관찰하여 오장의 질병을 진단한다는 오지진단법, ③ 사람의 손에 임기맥, 독기맥 등 14기맥이 있다고 보아 기맥의 자극을 통해 내장기능을 조절할 수 있다는 기맥요법 등이 그 주요한 내용이다.

갑은 자신의 서적에서 수지침 이론을 설명하면서 기맥과 혈점을 표현함에 있어 영문 알파벳과 아라비아 숫자를 조합하는 방식을 사용하였다고 했다. 이에 따라 알파벳과 아라비아 숫자는 본래의 의미를 벗어나 기맥과 혈점을 의미하는 것으로 재창조되었으므로 알파벳과 아라비아 숫자를 이용한 14기맥과 345개 혈점의 표현방식은 저작물에 해당한다고 주장하였다. 이에 대해 법원은 갑이 손에 존재하는 14기맥과 345개 혈점을 정의하면서 일반인들도 이해하기 쉽도록 영문 알파벳과 아라비아 숫자를 결합하는 방식을 사용하는 것은 수지침 이론을 전개하기 위한 전제로서 14기맥과 345개 혈점의 명명방법에 불과하여 아이디어 또는 이론적 체계에 불과하고, 어떠한 구체적인 사상이나 감정 등이 구체적으로 표현된 것이라고 보기 어렵기 때문에 갑의 영문 알파벳과 아라비아 숫자를 이용한 14기맥과 345개 혈점의 표현방식은 저작권법에 정해진 저작물에 해당하지 않는다고 보았다.

수지침 기본원리에 첨부된 도형, 창작성 결여로 저작물 아니다

그리고 법원은 갑이 사용한 전체적인 서적표현이 어문저작물이나 도형저작물에 해당하는지 여부에 대해서는 갑의 서적표현은 그 표현이 짧은 단문이고, 그 내용도 수지침 이론의 기본원리인 상응요법, 오지진단법에 따라 손이나 손의 혈점을 인체의 머리와 사지나 오장 또는 기타 신체의 부위에 대응시키거나 14기맥의 기능과 흐름을 짧은 단문으로 정리하여 설명한 것이어서 그 표현을 선택하는 폭이 좁고 또 수지침 이론을 서술함에 있어서는 누구라도 손이나 손의 혈점을 인체의 머리와 사지나 오장 또는 기타 신체의 부위에 대응시키고, 14기맥의 흐름을 설명할 수밖에 없으므로 그와 같은 수지침 이론의 기본원리를 단문으로 기재한 갑의 서적표현을 창작적 개성이 발현된 표현으로 보기 어렵다고 판단하였다.

　그리고 첨부된 도형은 사람의 손 각 부분을 손바닥과 손등의 그림을 놓고 표시한 것으로 누구나 그 그림과 같거나 유사하게 손의 각 부분을 표시할 수밖에 없으므로 그 표현에 있어 창작성이 결여되어 도형저작물에 해당하지 않는다고 보았다.

두 서적 간의 실질적 동일성을 인정하기는 부족하고 인용은 적법

　두 서적표현의 실질적 동일성 여부에 대해서도 설령 갑의 서적표현이 저작물에 해당한다고 하더라도 을의 서적표현은 갑의 서적표현과 대비하여 다음과 같다고 보았다. 어려운 한자어 대신 쉬운 한글용어를 사용하였고, 주어와 술어의 선택, 문장의 완결성 등 용어의 선택, 서술의 순서와 방법 등이 서로 다르며, 더구나 14기맥에 대한 서술표현은 그 내용도 갑의 서적표현과 서로 다르므로 갑의 서적표현과 실질적으로 동일하다고 보기는 어렵다는 결론이다.

　그렇다면 위 사건에서 서적의 기술부분 중 일부의 인용이 쟁점이 되기도 하였는데, 만약 갑의 표현방식에 저작물성을 인정한다면 을이 이를 요약하여 인용한 부분은 어떻게 판단해야 할까?

　양 서적은 모두 언어저작물이고, 을 서적의 해당부분 기술 중 일부가 갑 서적 중 창작적 표현형식에 해당한다고 주장하고 있는 부분의 요약으로 인정되는 부분이 있지만, 그 부분들은 모두 저작권법 제28조에 정해진 인용에 해당하는 것으로 볼 수 있다고 판단했다. 왜냐하면 저작권법 제28조는 "공표된 저작물은 보도·비평·교육·연구 등을 위하여는 정당한 범위 안에서 공정한 관행에 합치되게 이를 인용할 수 있다."고 규정하고 있기 때문이다. 그러므로 갑 서적을 요약·인용한 부분은 적법한 이용에 해당한다고 판단했다.

공표된 저작물의 이용

저작권법 제28조는 "공표된 저작물은 보도 · 비평 · 교육 · 연구 등을 위하여는 정당한 범위 안에서 공정한 관행에 합치되게 이를 인용할 수 있다."라고 규정하고 있습니다.

법원은 본 조항의 의미에 대해서 문화가 선대의 문화적 유산을 이용하면서 발전해 온 것이고, 기존의 저작물을 그대로 이용하여 새로운 저작물을 만드는 것도 실제 사회적으로 넓게 이루어지고 있으며, 문화의 발전에 기여하고 있는 점에 비추어 사회의 이익과 저작권자의 권리의 조정을 꾀하기 위해 정해진 요건을 갖춘 인용에는 저작권이 미치지 않도록 하기 위한 규정으로 봤습니다.

그 취지에 비추어 보면 여기에서 말하는 인용이란 보도 · 비평 · 교육 · 연구 등의 목적으로 자기의 저작물 중에 타인의 저작물의 전부 또는 일부를 채록하는 것으로 인용을 포함하는 저작물의 표현형식상 인용하여 이용하는 측의 저작물과 인용되어 이용되는 측의 저작물을 분명하게 구별하여 인식할 수 있고, 또 인용하는 저작물과 인용되는 저작물 사이에 인용하는 저작물이 주된 부분이 되고 인용되는 저작물이 종된 부분이 되는 주종관계가 있는 것을 말합니다.

02 작은 차이가 만드는 명품의 자격

아파트가 고급화, 브랜드화되면서
아파트 외관이나 단지 구성에 대한
저작권 등록이 증가했고 동시에 분쟁도 증가했다.
최근 어떤 건설사의 기사를 보니,
아파트 단위세대 평면을 수요에 맞게 특화한
평면 5건과 모듈화를 통한 조명 디자인 1건 등
총 6건의 도형저작물 저작권 등록 절차를
마쳤다는 내용이 눈에 들어온다.
분명 같은 아파트를 건설하면서도
건축저작물과 도형저작물 등은 '기능적 저작물'로서
'따로 또 같이' 명품 아파트를 만드는 데
필요한 저작물들이다.

주요판례 28　도형저작물과 건축저작물은 어떻게 다른 것인가요?
【서울중앙지방법원 2006. 7. 12. 선고 2006가합14405 판결】

이번 판례는 식당의 인테리어 설계도 및 디자인은 이용된 건축물인 점포와 구분되어 인식되는 것이므로 건축저작물에는 해당하지 아니하고 설계도는 도형저작물, 디자인은 응용미술저작물에 해당된다고 하여 그 기준을 제시했다. 둘은 기능적 저작물로서 기능적 요소 이외의 요소를 갖추고 전체적인 외관에 창작성이 인정되는 경우에는 저작권의 보호를 받는 저작물에 해당할 수 있다는 판단이다.

가맹점 점포의 실내외 디자인에 의거한 저작권 침해 주장

회전초밥식당 프랜차이즈 사업을 영위하고 있는 사업자 갑과 프랜차이즈 가맹점 계약을 맺은 을은 공사업자와 점포의 실내외 디자인의 설계 및 그 시공에 관한 계약을 체결하였다. 이에 따라 설계도를 작성하고 점포의 실내외 디자인을 마친 후 을은 공사업자로부터 설계도와 공사의 결과물에 대한 모든 권리를 이전받고 영업하다가 이후 가맹점 계약을 해지하였다. 그런데 을은 사업자 갑이 갑과 가맹점 계약을 맺은 다른 점포들로 하여금 을의 점포의 실내외 디자인에 의거하여 점포의 실내외 디자인과 동일하거나 실질적으로 유사하게 점포의 실내외 디자인을 구성하거나 하게 함으로써 을의 저작권을 침해하였다고 주장하며 손해배상청구소송을 제기하였다. 인정될 수 있을까? 【서울중앙지방법원 2006. 7. 12. 선고 2006가합14405 판결】

점포 설계도는 도형저작물에, 실내외 디자인은 응용미술저작물에 해당

먼저 이 사건 설계도 및 점포의 실내외 디자인이 저작권법에서 보호하는 저작물인지의 여부와 어떤 저작물로 볼 수 있는지 여부에 대한 판단이 선행되어야 하겠다.

법원은 이 사건 설계도는 점포의 실내외 장식을 위해 필요한 형상이나 치수 등의 사항을 일정한 규약에 따라 도면에 표시한 것이고, 점포의 실내외 디자인은 점포의 실내외 장식에 관한 것으로서 상호의 홍보를 극대화하기 위한 간판의 구성, 회전초밥식당으로서의 이미지 부각 및 고급스러운 분위기를 구현하기 위하여 간판, 창외 장식, 내벽 부분의 벽지, 창내 부분의 블라인드 부분 등의 형태, 색채, 문양 등을 취사선택하고, 취사선택된 각 부분을 적절히 조합, 배열하여 만들어진 디자인을 건축물인 점포의 실내외에 시공한 것으로서 건축물에 동일한 형상으로 복제될 수 있고, 그 디자인이 이용된 건축물인 점포와 구분되어 독자성이 있다고 인정할 수 있으므로, 이 사건 설계도는 '도형저작물'에 해당하고, 점포의 실내외 디자인은 '응용미술저작물'에 해당한다고 보았다.

설계도, 점포의 실내외 디자인은 건축저작물에 해당하지 않아

다만 을은 이 사건 설계도 및 점포의 실내외 디자인은 실내건축에 관한 것으로서 '건축저작물'에 해당한다고 주장하였는데 이에 대해 법원은 이 사건 설계도와 점포의 실내외 디자인은 건축물의 실내외 장식에 관한 것으로서 그 디자인이 이용된 건축물인 점포와 구분되어 인식되는 것으로서, '건축물' 내지 '건축을 위한 설계도서'가 아니라고 할 것인 바, 이 사건 설계도와 점포의 디자인은 저작권법 제4조 제1항 제5호에서 규정한 '건축저작물'에 해당한다고 할 수 없다고 보았다.

따라서 이 사건 설계도와 점포의 실내외 디자인은 예술성의 표현보다는 기능이나 실용적인 사상의 표현을 주된 목적으로 하는 '기능적 저작물'이라고 할 것이므로, 기능적 요소 이외의 요소를 갖추고 전체적인 외관에 창작성이 인정되는 경우에는 저작권의 보호를 받는 저작물에 해당할 수 있다고 기준을 제시하고 본 사건에서 기능적 요소 이외의 요소를 갖추고 전체적인 외관에 창작성이 인정되는지 여부를 판단하였다.

그에 따라 법원은 이 사건 설계도와 점포의 실내외 디자인 중 기능적 요소 이외의 부분으로 인정한 점들 중, 간판에서의 상호의 도안, 간판의 전체적인 색채가 녹색인 점, 간판을 세 부분으로 나누어 구성한 점, 내벽 부분의 중앙부분을 벽돌무늬 벽지로, 좌우부분은 목재무늬 벽지로 구성한 점 등은 설계도를 작성하고 점포의 실내외 디자인을 구성하면서 참조한 갑 회사 본점의 실내외 디자인에서 사용된 표현방식 및 그 조합, 배열에 있어 동일·유사하거나 일부 변형된 것에 불과하고, 나머지 점들 또한 국내 상가의 실내외 디자인에서 일반적으로 사용되는 표현방식 및 그 조합, 배열에 있어 동일·유사하거나 일부 변형된 것에 불과하여, 이 사건 설계도 및 점포의 실내외 디자인의 그 구성부분 또는 그 전체적인 외관에 창작성이 있다고 인정할 수 없으므로, 저작권법이 보호하는 저작물에 해당하지 않는다는 결론을 내렸다.

따라서 이 사건 설계도 및 점포의 실내외 디자인이 저작권법에서 보호하는 저작물임을 전제로 하여, 갑이 을의 저작권을 침해하여 손해를 발생하게 하였다는 주장은 받아들여지지 아니하였다.

01 컴퓨터 프로그램이 저작물로서 예술인 이유

'컴퓨터 프로그램 저작물'이란
컴퓨터 안에서 직접 또는 간접으로 사용되는
일련의 지시·명령으로 표현된 창작물을 말한다.
'프로그램 저작자'는 컴퓨터 프로그램 저작물을
창작한 사람을 가리킨다.
저작자는 프로그램 공표권과 복제·개작·번역·
배포·발행 및 전송할 권리를 가진다.
1986년 제정되어 2002년 법률 제6843호까지
여러 차례 개정되었던 컴퓨터프로그램보호법은
2009년 7월 23일 저작권법에 흡수되었다.
이번 사건은 컴퓨터 프로그램이라는
저작물에서의 표절이란 무엇인지를 제시한다.

주요판례 29 게임 프로그램 개발과 관련한 법적 분쟁이 발생한 경우에 전체 프로그램의 일부로서 독립하여 기능할 수 있는 하위 프로그램도 컴퓨터프로그램보호법에 의해 보호되는 컴퓨터 프로그램 저작물에 해당하나요?
【서울중앙지방법원 2006. 4. 21. 선고 2003가합95465 판결】

　　온라인 게임 프로그램 A를 개발하던 회사의 게임개발팀 직원들이 모두 퇴사하여 새롭게 회사를 설립하고 설립한 회사에서 A와 유사한 온라인 게임프로그램 B를 개발하였다. B의 개발이 시작될 당시 A는 부분적으로만 완성된 상태였고 최종적으로는 A, B 모두 미완성의 프로그램으로 정식 서비스를 개시하지도 못한 채 개발이 중단되었다면 B를 개발한 직원들의 컴퓨터 프로그램 저작권 침해행위를 인정할 수 있을까? 침해라면 손해를 어느 범위에서 배상해야 할까?

【서울중앙지방법원 2006. 4. 21. 선고 2003가합95465 판결】

허락 없는 개작 행위는 명백한 저작권 침해

　　먼저 게임프로그램 B가 A의 개작 프로그램인지 여부를 살펴보아야 했다. 법원에서는 B프로그램의 개발자들 중에는 전 회사에 재직 당시 A프로그램 개발업무에 종사하던 사람들이 다수 포함되어 있는 점, B프로그램의 원시코드에는 퇴사직원들이 퇴사하기 전에 최종적으로 수정되었다는 내용의 주석문, "현실의 50초가 A에서 5분"이라는 주석문이 기재되어 있는 하위 프로그램이 포함되어 있는 점, A와 B가 모두 공개되어 있는 프로그램을 기초로 하고 있는 것을 고려하더라도 B의 A복제도가 40.3%(서버 부분), 67.9%(클라이언트 부분)에 이르는 점 등을 종합하여 보면, B는 업무상 창작된 프로그램인 A저작자의 허락 없이 이를 개작한 프로그램이라고 판단하였다.

독립적 기능 갖춘 하위 프로그램도 저작물에 해당

　　이에 대하여 퇴사한 직원들은 A는 그 개발이 중단될 당시 완성되지 아니한 상태로 캐릭터가 화면에서 이동하는 정도로만 개발되어 있었고, B 또한 시험용 서비스만 제공되고 완성되기 이전에 개발이 포기되어 양 프로그램 모두 미완성의 것이므로 프로그램 저작권 침해가 문제되지 않는다는 취지의 주장을 하였다. 하지만 법원은 전체 프로그램의 일부로서 독립하여 기능할 수 있는 하위 프로그램도 컴퓨터프로그램보호법에 의해 보호되는 컴퓨터 프로그램 저작물에 해당한다고 했다. 또한 퇴사직원들의 주장 자체에 의하더라도 개발 중단 당시 A의 하위 프로그램들 중 일부는 독립하여 기능할 수 있는 상태였고, 이러한 하위 프로그램을 개작하여 창작된 B 또한 시험용 서비스를 제공할 수 있을 정도로 하위 프로그램들이 완성된 상태였다고 할 것이어서, A와 B가 전체로서 완성되지 아니한 상태였다는 사정은 A의 하위 프로그램에 대한 저작권 침해 여부에 영향을 미치지 못한다고 보았다.

수익 없어 손해액 축소 산정… 정신적 손해는 부정

배상액에 대해서 살펴보면 A를 개발한 회사에서 직원들이 새롭게 만든 회사와 대표자를 상대로 재산상 손해 5,000만 원과 위자료 1,000만 원의 지급청구를 하였다. 그러나 법원은 두 프로그램 모두 정식 서비스를 개시하지 못하여 아무런 수익을 거두지 못한 채 시험용 서비스 제공 단계에서 서비스가 중단된 점 등을 종합하여 손해액을 2,000만 원으로 결정하였다. 그리고 프로그램 저작권 침해로 인한 위자료의 지급청구 부분에 대해서는 재산상 손해의 배상만으로는 메울 수 없는 정신적 손해를 입었다는 특별한 사정이 없다고 보아 이를 부정하였다.

추가적으로 A개발 회사는 퇴사직원들을 상대로 공동불법행위 및 취업규칙 위반행위로 인하여 A개발이 늦어져 결국 그 상용화를 포기하게 되었으므로 이에 따른 재산상 손해와 위자료에 대한 손해배상청구를 하였다. 이에 대해서는 퇴사직원들이 자신들이 퇴사함으로써 A를 완성하지 못하게 되고 재정 곤란으로 회사가 파산하게 될 것임을 잘 알면서도 사전에 공모하여 일시에 무단결근하는 방법으로 퇴사하였다는 점에 대하여는 이를 인정할 만한 아무런 증거가 없다고 보아 주장을 배척하였다.

개발직원들의 퇴사 후 기존 회사와 법적 분쟁 빈번

A, B 모두 전체로서 미완성된 프로그램이라는 사정이 존재한다고 하더라도 A의 일부로서 독립하여 기능할 수 있는 하위 프로그램도 컴퓨터프로그램보호법에 의해 보호되는 컴퓨터 프로그램 저작물에 해당한다는 기준을 제시한 판례이다. 그러므로 하위 구성 프로그램을 복제하여 사용하는 경우에도 컴퓨터 프로그램저작권 침해여부에 대한 신중한 검토가 있어야 할 것이다.

또한 프로그램 개발의 경우 개발팀 직원들이 퇴사하여 따로 회사를 차려 기존 회사와 법적 분쟁으로 이어지는 사례가 많이 발생하는데, 주로 '부정 경쟁 방지 및 영업비밀 보호에 관한 법률' 로서 보호되는 영업비밀의 요건을 갖추었는지 여부와 개발 직원들에 대한 비밀준수서약서 제출과 같은 경업금지약정의 효력이 쟁점이 되고 있다.

경업금지약정

영업주의 영업에 대하여 특수한 관계에 있는 사람이 그것과 경쟁적인 성질을 가지는 영업행위를 하는 것을 금지하는 것을 의미하며 상법은 상업 사용인, 영업 양도인, 대리상, 합명회사의 사원, 합자회사의 무한 책임 사원, 주식회사 및 유한회사의 이사 등에 대하여 이 의무를 규정하고 있다.

02 홈페이지 운영자는 자나깨나 불법복제물 조심!

한반도 사이버 공간에
사설 홈페이지가 개설되기 시작한 지
반세대가 지났다.
'소통'이란 이름으로 사이버 공간은
현재 달나라 여행을 갈 수 있을 만큼
무진무궁하게 발전해 온 것이다.
그런 만큼 사이버 공간의 스위트 홈을
위협하는 요소 또한 무궁하다.
항상, 어디 새는 곳은 없는지
시시각각 쓸고 닦고 조여 봅시다.

주요판례 30 홈페이지를 운영하는 학교법인의 자료실에 프로그램 불법
복제물이 등록되고 이용자들이 조회 및 다운로드를 하였다
면 학교법인은 프로그램을 개발한 저작권자의 저작권을 침
해한 것인가요?
【서울지방법원 1999. 12. 3. 선고 98가합111554 판결】

대한민국에 아파트가 많아졌다지만 여전히 내 집 없는 홈리스도 많고 내 집 있는 '하우스 푸어'도 적지 않다. 그래도 위안이 되는 건 사이버 공간에서나마 내 집이 되어주는 공간이 있다는 것은 아닐까. 홈페이지를 비롯해 요즘은 각종 블로그, 카페, 페이스북, 밴드 등 홈의 형태도 여러 가지로 진화하고 있다.

하지만 이 집을 제대로 관리하려니 비용도 만만치 않고, 생각지 못했던 곳에서 위험 부담도 따른다. 사이버 공간에서의 내 집도 자나깨나 잘 관리해야 하는 세상이 됐다.

학교 홈페이지에서 대량의 불법복제 이루어져

홈페이지를 운영하는 학교법인의 자료실에 프로그램 불법복제물이 등록되고 이용자들이 조회, 다운로드를 하였다. 학교법인은 프로그램을 개발한 저작권자의 저작권을 침해한 것인가? 【서울지방법원 1999. 12. 3. 선고 98가합111554 판결】

이는 한 대학교가 홈페이지를 운영하면서 이용자들이 자유롭게 이용할 수 있는 자료실을 개설하고 생긴 일이다. 대학교는 그와 같은 자료실을 통해 불법복제물이 등록되고 이를 통해 대량의 불법복제가 발생할 위험이 있으므로 이를 관리하는 운영자로서 타인의 저작권을 침해하는 불법복제물이 등록되는 일이 있는지 여부를 수시로 확인해 보아야 할 주의의무가 있는 걸까?

만약 누군가가 컴퓨터 프로그램의 저작권자인 회사의 승낙 없이 대학교 홈페이지 자료실 게시판에 멀티미디어 저작도구인 프로그램이라는 설명과 함께 이를 등록하고 1개월 이상 경과하여 조회건수가 약 400회에 이르렀다면 대학은 프로그램의 저작권자인 회사에게 저작권 침해로 인한 재산적 손해와 함께 회사의 대표이사에게 정신적 위자료를 배상해야 할까?

불법행위책임 원칙은 직접적인 행위자에게 있다

법원은 대학이 자료실 게시판을 설치, 운영함에 있어서 불법복제물의 등록여부를 수시로 확인하고 통제하여야 할 구체적인 주의의무가 없다고 판단했다. 왜냐하면 당시 자료실 게시판은 이용자의 범위에 관하여 아무런 제한 없이 개방되어 있었던 관계로 불특정한 이용자에 의한 불법행위를 사전에 일일이 통제할 수 있었을 것으로 기대하기 어렵다고 보았기 때문이다.

또한 자료실 게시판에서의 자료 등록과정이 관리자에 의한 선별과정을 거침이 없이 자동화된 기술적 과정을 통하여 수행되는 체제로 운영됨에 따라 게시물의 등록이 이루어질 당시 게시물의 내용을 미리 검토할 수 없어 사전에 저작권 침해사실의 존재를 인식할 수 없었던 점 또한 마찬가지다.

결국 교육기관으로서의 대학의 지위, 자료실 게시판의 이용과 관련하여 이용자들에게 이용료를 부과하지 않는 무료 운영방식 등에 비추어 자료실 게시판의 설치목적이 영리성의 추구에 있다고 보기는 어렵다는 점과 권리자인 회사의 항의를 받은 이후, 문제된 게시물의 등록이 이루어진 본 자료실게시판 자체를 폐쇄하기에 이른 점 등을 판단의 이유로 보았다.

나아가 법원은 컴퓨터를 사용한 PC통신이나 인터넷 등 온라인을 통하여 다수의 이용자로 하여금 자료의 전송 등을 수행할 수 있도록 이른바 사이버 공간이라는 장소와 시설을 제공하고 이용자의 요구에 의하여 이용자의 행위를 매개하여 주는 과정에서 타인의 저작권과 기타 권리를 침해하는 자료의 전송 등이 이루어진 경우에 있어서도 그와 같은 자료의 전송 등을 통한 타인의 권리침해에 관한 1차적인 책임은 여전히 이를 직접적으로 수행한 이용자에게 있다고 보았다. 일반적으로 불법행위의 책임에 있어서 그 책임은 당해 침해행위의 직접적인 귀속자가 부담하는 것일 뿐 이로 인한 책임을 제3자에게 물을 수 없음이 원칙이다.

온라인 속성 악용한 침해행위는 일파만파로

인터넷 등 온라인의 속성상 컴퓨터 사용의 보편화로 불특정 다수의 이용자들에 의한 침해행위가 비교적 간단한 조작으로 용이하게 수행될 수 있게 됐다. 반면 그 침해행위로 인한 파급효과는 순식간에 광범위하게 확대될 수 있다는 점을 감안하더라도 그와 같은 전송 등이 가능하도록 장소나 시설을 제공한 것에 불과한 자는 이를 통하여 발생하는 불법행위에 관하여 자신이 직접적인 고의를 가지고 있지 아니한 이상 원칙적으로는 그러한 장소나 시설의 제공사실만을 가지고 곧바로 침해에 대한 직접적인 책임을 부담하는 것으로 보아야 할 아무런 근거가 없다고 보았다.

또한 이용자들에 의한 자료등록 및 조회가 가능하도록 이 사건 홈페이지 상에 자료실 게시판을 개설한 이외에는 이 사건 게시물의 등록과 관련하여 어떠한 직접적인 행위를 수행한 바 없었음을 전제로 대학이 자료실 게시판을 제공하였다는 사정만을 가지고 곧바로 이 사건 게시물의 등록에 관한 직접적인 책임을 물을 수는 없다는 점이다.

홈페이지 운영자도 평가 따라 책임성이 다르다

그렇지만 언제나 책임이 없는 것은 아니다. 만약 예외적으로 불법등록을 통한 침해행위를 적극적으로 야기하였다거나 우연한 기회나 권리자로부터의 고지를 통하여 이용자의 침해물 또는 침해행위의 존재를 인식하고도 이를 방치한 경우 또는 침해행위를 통제할 권리와 능력이 있고 그 침해행위로부터 직접적인 재산상 이익을 얻는 경우 등과 같이 직접적인 침해행위와 동일하게 평가할 수 있을 만한 특별한 사정이 있는 경우에는 홈페이지 운영자도 그 책임을 인정하여야 할 경우가 생길 수 있다는 점을 명심해야 한다.

불법복제 프로그램을 사용하면 어떻게 되나요?

요즘 경찰의 단속이 강화되면서 많이 근절되긴 하였지만 한때 불법복제 프로그램을 이용하다 적발되는 경우가 많았습니다. MS, Adobe, CAD 등이 대표적인 예인데 정품 프로그램을 사용하지 않고 있는 사용자들을 찾아 법무법인을 끼고 고소를 제기한 후 경찰을 대동하고 현장을 단속합니다. 현장에서는 불법복제품의 확인 및 불법사용하고 있는 프로그램의 개수 등을 확인하고 증거물을 압수합니다. 이후 불법사용자는 수사기관에 출석하여 피해규모를 확인하고 조서를 작성하는 절차를 거치고 합의 과정에 들어갑니다.

저작권법 제124조 및 제136조는 프로그램의 저작권을 침해하여 만들어진 프로그램의 복제물을 그 사실을 알면서 취득한 자가 이를 업무상 이용하는 행위를 하면3년 이하의 징역 또는 3천만원 이하의 벌금에 처하거나 이를 병과할 수 있다고 규정하고 있습니다. 이러한 죄는 고소가 있어야 공소제기가 가능한 친고죄라서 합의를 통한 고소취하가 중요한 부분을 차지합니다.

저작권자가 수임한 법무법인을 통해서 민사합의를 진행하는데 대부분 정품 구매와 정품구매가격의 70~80% 정도의 합의금을 요구하게 되고 만약 합의를 하면 고소취하를 통해 사건이 종결되지만 합의를 하지 않는다면 정품 구매가격의 20% 정도에 해당하는 구약식 벌금형과 함께 추가로 저작권자의 신용회복에 필요한 조치 및 민사 손해배상청구소송을 당할 수 있습니다. 벌금형은 행위자 외에 법인에 대해서도 부과되는 양벌규정의 적용을 받습니다.

01 퍼블리시티권의 미친 존재감은 절대적?

섬뜩하지만 '얼굴 뜯어먹고 사는 시대'가 도래했다.
공인이라는 말을 입에 달고 살면서
연예인 사진 좀 갖다 쓰면 어디가 덧날까 싶지만
초상권을 넘어 연예인 같은 유명인의 퍼블리시티권이
그 존재감을 드높이고 있다.

주요판례 31 연예인 사진을 사용하면 무조건 손해배상해야 하나요?
【서울중앙지방법원 2013. 9. 13. 선고 2013가합7344 판결】

관련 판결 블로그를 제작해 준 홍보대행사와의 책임관계는 어떻게
되나요?
【서울중앙지방법원 2012. 6. 13. 선고 2013가합2363 판결】

연예인들의 초상은 비주얼을 무기로 한 영상시대에 접어들며 상업성과 더더욱 밀접한 관계를 가져 왔다. 흔히 하는 말처럼 "여자 혹은 남자 얼굴 뜯어먹고 살 거 아니면 대충 살아라."는 말은 이제 통하지 않는다. 섬뜩하지만 '얼굴 뜯어 먹고 사는 시대'가 도래했음이 분명하다.

연예인 사진 사용하면 무조건 손해배상?

치과병원을 운영하는 의사는 광고를 위해 홍보대행사와 계약을 맺고 병원 홍보 블로그 제작 및 관리를 맡겼다. 이 블로그 카테고리 중 '휴식공간' 란의 '음악' 또는 '뉴스' 란에 아이돌 가수 13명의 얼굴이 들어가 있는 앨범 사진이 여러 장 게재되었다. 이에 13명의 가수들은 자신들의 동의나 허락 없이 초상이 담긴 사진이나 성명을 게재하고 상업적으로 사용함으로써 퍼블리시티권을 침해당했다고 주장했다. 그리고는 각각 1,000만 원씩 손해배상할 것을 요구했다. 【서울중앙지방법원 2013. 9. 13. 선고 2013가합7344 판결】

과연 13명의 가수들이 주장하는 퍼블리시티권이라는 것이 현행법상 인정받을 수 있는 권리인가? 그렇다면 블로그에 올라가 있는 사진들이 가수들의 퍼블리시티권을 침해하는 것으로 치과의사는 손해배상을 해야 하는 것인가?

퍼블리시티권 인정 vs 영업수익과 연관성 부족

그러나 법원은 블로그 내에 여러 카테고리 중 병원의 치료나 시술과는 관계없는 '휴식공간' 란에 위치하고 있고, 사진들이 병원 및 치료와 관계되는 어떠한 내용의 기재도 없다고 판단했다. 따라서 이 같은 사진의 게시만으로는 사건의 블로그를 방문하는 고객 입장에서 사진의 인물들이 치과 병원에서 치료 등을 받았고 그 병원을 광고하는 등 병원과 어떠한 관계가 있는 것으로 오인할 정도는 아니라고 보았다. 때문에 이 사진들의 게시로 관련 연예인들의 대중에 대한 호의관계 내지 흡입력을 직접 이용하여 치과병원이 영업수익을 얻었다고 보기는 부족하다고 판단했다.

또한 법원은 관련 사진들의 성격에 대해서도 연예인들이 앨범발매를 홍보하기 위해 앨범사진을 촬영한 것, 자신들의 노래를 홍보하기 위해 '빌보드닷컴'에 게시를 허락한 사진, 자신이 출연하는 TV프로그램의 홍보를 위한 사진들이라고 판단했다. 이에 연예인들이 자신들을 홍보할 목적으로 관련 사진을 공개함으로써 사진들이 인터넷 사이트에 게재되는 것을 묵시적으로 허락했다고 보았다. 다시 말해 인터넷에 공개되어 있고 자유롭게 감상할 수 있는 사진들이라고 평가하고 이를 이용한 것은 촬영, 공개에 부합되는 범위의 사용이라는 판단이다.

필자가 직접 치과의사를 대리하여 진행했던 사건이기도 하다. 당시까지 명확하게 퍼블리시티권의 한계를 설정한 주도적인 판결이 없어 필자 또한 고민이 깊었던 만큼 2013가합7344 판결은 무엇보다 연예인 퍼블리시티권의 한계를 설정한 의미 있는 판결이었다. 연예인들이 항소하지 않아 1심판결이 확정되었고 소송을 제기한 연예인들은 500만 원이 넘는 돈을 소송비용으로 피고에게 물어줘야 하는 결과가 되었다.

퍼블리시티권의 침해와 사용자 책임 모두 기각

앞선 2013가합7344 사건뿐만이 아니다. 이와 엇비슷한 사건들 중의 하나인 2013가합2363 사건에서는 블로그 제작자가 있는 경우 병원에 책임이 없다는 판결이 났다. 그 사건의 경우는 병원 홍보를 위한 블로그의 제작·관리는 광고를 의뢰받은 홍보대행사에서 담당했지만 그 과정에서 병원의 지시에 따라 게시물을 올렸다고 볼 만한 증거가 없었다. 따라서 병원이 블로그를 제작·관리하면서 게시물을 올려 퍼블리시티권을 침해하였음을 전제로 한 연예인들의 불법행위 책임 주장은 받아들여지지 않았다.

나아가 병원 운영자와 광고를 의뢰받은 홍보대행사 사이에 지휘·감독관계가 있었음을 인정할 만한 증거도 없어 그러한 관계가 있음을 전제로 한 사용자 책임 주장도 받아들이지 않았다. 【서울중앙지방법원 2012. 6. 13. 선고 2013가합2363 판결】

퍼블리시티권이 뭔가요 ?

"소위 퍼블리시티권(right of publicity)이라 함은 사람이 그가 가진 성명, 초상이나 기타의 동일성(identity)을 상업적으로 이용하고 통제할 수 있는 배타적 권리를 말하는데, 이러한 권리에 관하여 우리 법에 명문의 규정은 없으나 대부분의 국가가 법령 또는 판례에 의하여 이를 인정하고 있는 점, 이러한 동일성을 침해하는 것은 민법상의 불법행위에 해당하는 점, 사회의 발달에 따라 이러한 권리를 보호할 필요성이 점차 증대하고 있는 점, 유명인이 스스로의 노력에 의하여 획득한 명성, 사회적인 평가, 지명도 등으로부터 생기는 독립된 경제적 이익 또는 가치는 그 자체로 보호할 가치가 충분한 점 등에 비추어 해석상 이를 독립적인 권리로 인정할 수 있다. 또한 이러한 퍼블리시티권은 유명인뿐 아니라 일정한 경우 일반인에게도 인정될 수 있으며, 그 대상은 성명, 사진, 초상, 기타 개인의 이미지를 형상화하는 경우 특정인을 연상시키는 물건 등에 널리 인정될 수 있고, 퍼블리시티권의 대상이 초상일 경우 초상권 중 재산권으로서의 초상권과 동일한 권리가 된다."고 하여 퍼블리시티권의 존재를 긍정하고 있습니다. 【서울동부지방법원 2006. 12. 21. 선고 2006가합6780 판결】

퍼블리시티권에 숨어 있는 '상대성의 원리'

법원은 "퍼블리시티권은 무제한적으로 인정되는 절대적인 권리가 아니라 공공의 이익 또는 다른 사람들의 이익에 상충하는 권리들에 의한 한계가 내재되어 있는 상대적 권리에 지나지 아니한다 할 것"이라고 하여 퍼블리시티권이 제한 가능한 권리임을 분명히 하고, "유명인의 성명, 초상 등을 허락 없이 인격적 동일성을 인식할 수 있도록 상업적으로 이용하되 광고, 게임 속 캐릭터의 사용 등과 같이 유명인의 성명, 초상 등의 경제적 가치 즉, 유명인의 대중에 대한 호의관계 내지 흡입력이 직접 그 사용자의 영업수익으로 전환되었다고 볼 수 있을 정도로 이용하였다고 인정되어야 퍼블리시티권의 침해를 인정할 수 있을 것이며, 이와 달리 그 내용에 있어서 유명인의 인격적 동일성 범위 내의 요소가 아닌 그 외적 요소만을 사용하고, 그 표현에 있어서도 상품 내지 서비스의 설명을 위한 필요 최소한도에 그쳐 경제적 가치가 직접 그 사용자의 영업수익으로 전환되었다고 볼 수 없는 경우에는 퍼블리시티권의 침해가 인정될 수 없다 할 것"이라고 그 침해의 기준을 구체적으로 설시했습니다.

02 광고계의 블루칩, 퍼블리시티권을 드높여라

요즘 광고계의 블루칩은 따로 있다.
엄청난 개런티를 감당해야 하는 영화나 드라마의
특급 배우보다 안방에서 웃음 주고 행복 주는
코미디언들이 바로 그 주인공이다.
코미디계에서는 일단 유행어로 인기 몰이를 하고
퍼블리시티권을 획득하는 것이
경제적 이익과 직결된 광고계의 콜을 받는
지름길로 통하고 있다.

주요판례 32 승낙을 받지 않고 연예인의 얼굴을 형상화하여 캐릭터를 제작한 후, 이를 이동통신회사들이 운영하는 인터넷 모바일 서비스에 콘텐츠로 제공하는 방법으로 영업을 하였다면 손해배상해야 하나요?
【서울중앙지방법원 2005. 9. 27. 선고 2004가단235324 판결】

관련 판결 【서울중앙지방법원 2007. 1. 19. 선고 2006가단250396 판결】

"고뤠~"를 유행시켰던 개그맨 김○○ 씨가 한때 광고계를 점령했는가 하면, 유행어 "느낌 아니까."는 개그우먼 김○○ 씨에게 퍼블리시티권을 획득하는 날개를 달아주었다. 그 뿐인가. 최근 실제 인기에 비해 유행어가 남달라 대기업 광고까지 섭렵하고 있다는 끝판왕, "빡! 끝~" 개그맨 조○○ 씨와 같은 개그맨들처럼 유명인의 퍼블리시티권 강화는 그 자체가 경제적 이익과 아주 밀접하다.

허락 없는 캐릭터 제작 등 상업적 이용의 결과는?

캐릭터 디자인 및 모바일에서 사용되는 콘텐츠 제작과 공급을 하는 회사가 대중적으로 지명도가 있는 코미디언의 초상을 이용한 캐릭터를 제작하거나 상업적으로 사용하였다. 이 때 아무런 승낙을 받지 아니하였다면 퍼블리시티권 침해로 인한 재산상 손해를 배상할 의무가 있을까? 배상액은 얼마나 될까? 추가적으로 초상권 침해로 인한 위자료 청구도 인정될까? 【서울중앙지방법원 2005. 9. 27. 선고 2004가단235324 판결】

본 사건의 코미디언은 MBC '코미디 하우스-노브레인 서바이벌', SBS '좋은 친구들', SBS '장길산' 등의 프로그램에 출연하였고, 2003년 문화방송 연기대상 시상식에서 코미디·시트콤 부문 최우수상을 수상하는 등 대중적 지명도가 있는 남자 연예인이다. 당시 그가 만들어서 유행시킨 유행어는 "…를 두 번 죽이는 짓이에요.", "…라는 편견을 버려" 등이었다. 콘텐츠 제작사는 코미디언의 얼굴을 형상화한 캐릭터를 제작하여 이동통신 3사에 인터넷 모바일 콘텐츠로 제공하며 위 유행어를 함께 게재해 놓고 상업적으로 이용하였다.

콘텐츠사의 퍼블리시티권 침해는 명백한 불법행위

법원은 먼저 본 사건의 코미디언이 대중적 지명도가 있는 연예인으로서 자신의 초상이나 성명 등을 상업적으로 이용할 수 있는 권리를 보유하고 있다고 판단했다. 그리고 콘텐츠 제작사가 코미디언으로부터 아무런 승낙을 받지 아니하고 그의 얼굴을 형상화하여 일반인들이 쉽게 알아볼 수 있는 캐릭터를 제작한 후, 이를 이동통신회사들이 운영하는 인터넷 모바일 서비스에 콘텐츠로 제공하는 한편, 이동통신회사의 고객들이 돈을 지불하고 휴대전화로 캐릭터를 다운로드 받도록 하는 방법으로 영업을 하였다고 보았다. 이는 콘텐츠 제작사가 코미디언의 승낙 없이 그의 초상과 성명을 상업적으로 사용함으로써 코미디언으로서 대중적 지명도가 있어 재산적 가치가 있는 코미디언의 초상 등을 상업적으로 이용할 권리인 퍼블리시티권을 침해한 불법행위에 해당, 그가 입은 재산상 손해를 배상할 책임이 있다고 판단하였다.

손해액 상정, 성명·초상 등 정당한 대가금액을 기준

배상금액에 대해서 살펴보면 소송을 제기한 코미디언 측에서는 콘텐츠 제작사가 이 사건 캐릭터를 상업적으로 이용하여 총 18,180,570원의 매출을 올렸다고 주장하고 인격권으로서의 초상권이 침해되어 정신적 고통을 받았으니 위자료 5,000만 원도 지급하여야 한다고 주장하면서 총 68,180,570원을 청구하였다.

법원은 이에 대해 퍼블리시티권의 침해로 인한 손해액은 피해자 본인의 승낙을 받아서 그의 성명이나 초상 등을 정당하게 사용할 경우에 지급해야 할 대가금액을 기준으로 삼아야 할 것이라고 했다. 따라서 두 당사자의 유사 계약 형태 및 금액을 참작하였고 콘텐츠 제작사가 이 사건 캐릭터를 사용하여 영업을 해온 기간이 한 달 미만의 비교적 단기간에 불과한 점, 3개 이동통신회사가 운영하는 인터넷 모바일 서비스로 사건 캐릭터를 이용해 벌어들인 매출액이 총 2,417,880원인 점 등을 종합하여 콘텐츠 제작사의 행위로 인해 코미디언이 입은 재산상 손해액을 500만원으로 정함이 상당하다고 보았다.

초상권 침해배상 등의 위자료 청구는 '이유 없음'

그리고 인격권으로서의 초상권이 침해되었으므로 배상받아야 한다고 주장한 위자료 5,000만 원에 대해서는 코미디언의 얼굴을 형상화하여 일반인들이 해당 코미디언임을 쉽게 알아 볼 수 있는 이 사건 캐릭터를 제작하여 이를 이동통신 회사들이 운영하는 인터넷 모바일 서비스에 콘텐츠로 제공한 것만으로는, 코미디언의 연예인으로서의 평가, 명성, 인상 등이 훼손 또는 저하되었다고 보기 어렵다고 판단했다. 뿐만 아니라 코미디언 스스로도 다른 회사에게 초상권, 음성권, 동영상, 캐리커쳐 등의 디지털 콘텐츠를 재가공 및 공급할 수 있는 권리를 부여한 바 있다는 점 등에 비추어, 재산상 손해 외에 정신적 고통을 받았다고 보기 어렵고 만약 정신적 고통이 발생하였다고 하더라도 위에서 인정한 재산상 손해의 배상에 의하여 정신적 고통 역시 회복된다고 보아야 할 것이므로, 위자료 청구는 이유 없다고 판단했다.

연예인은 대중적 인기를 먹고 사는 사람으로서 인지도 자체가 경제적 가치가 있다. 그러므로 연예인의 유명세를 이용할 목적으로 허락 없이 그의 사진을 상업적으로 사용한 것뿐만 아니라 연예인을 형상화한 캐릭터를 만들고 이를 이용한 경우에도 퍼블리시티권 침해로 손해를 배상해야 한다는 점을 유의해야 한다. 다만 재산적 손해로서의 퍼블리시티권 침해를 배상하는 경우에는 정신적 피해로 인한 위자료 배상은 추가적으로 하지 않아도 된다는 점을 알 수 있다.

개그프로그램 유행어와 연기구성 동일 이벤트 역시 침해

이밖에도 코미디언의 퍼블리시티권을 드높이는 관련 판결이 이어졌다. 사건의 전말은 SBS TV의 코미디 프로에서 '따라와' 코너는 한 여자 개그우먼이 눈을 감고 양팔을 벌리면서 "따라와." 라고 표시를 하고, 남자 개그맨 2명 중 1명이 "어머 그러네." 라고 맞장구를 치는 연기로 구성되어 있었다. 이에 대해 한 이동통신사가 자사의 고객대상 이벤트 홍보를 위하여 위 개그맨들의 허락 없이 '따라와' 코너를 모방하여 연기 구성과 동일한 이벤트 화면을 제작하였다.

이에 대해 개그맨들이 제기한 소송에서 법원은 개그맨들이 TV 프로그램인 '따라와' 코너를 통하여 일반인들에게 널리 알려지게 되어 그들 개인의 용모, 이름, 음성, 동작, 실연 스타일 등 총체적 인성(personal identity)에 대한 상품적 가치인 퍼블리시티권을 가지게 되었다고 보았다. 따라서 그들의 동의 없이 '따라와' 코너를 모방하여 시각적 캐릭터(visual character)이자 실재 존재하는 남녀 연기자들의 실재 캐릭터(real character)를 이용하여 이벤트 행사를 한 것은 개그맨들의 퍼블리시티권을 침해하는 것이라고 판단하였다.

이는 만들어진 캐릭터가 개그맨의 얼굴과 비슷하게 생기지 아니하였다고 하더라도 유행어를 이용하거나 개그 코너의 연기 구성을 동일하게 이용하였다면 이 역시 퍼블리시티권의 침해가 될 수 있다는 점을 시사한 사례이다. 【서울중앙지방법원 2007. 1. 19. 선고 2006가단250396 판결】

03 비욘드 초상권, 경계 짓다

TV에서도 리얼리티가 대세인 요즘
다큐멘터리의 속성들이 방송 장르마다
감초처럼 구사되고 있다.
이는 가장 공정성과 사실성이 뛰어나야 할
시사보도의 뉴스나 고발 프로그램에서도 다름 아니다.
그 속에서 자칫 간과될 수 있는
일반 참여자들의 초상권과 관련된
판례를 들여다보자.

주요판례 33 방송국에 제보한 내용에 관하여 기자가 취재한 후 방송하는 과정에서, 방송국이 음성변조나 모자이크 처리를 충분하게 하지 않아 제보자의 신분이 노출되면 초상권을 침해한 것이 되나요?
【의정부지방법원 2011. 10. 20. 선고 2011나6848 판결】

관련 판결 【서울지방법원 1997. 8. 7. 선고 97가합8022 판결】

일반 시청자들의 프로그램 참여가 많이 확대되고 있다. 시청자들의 다양한 욕구를 만족시키지 못하면 외면당하는 채널이 생기는 것은 어찌할 수 없는 상황이다. 제작자들은 한편으로 방송 제작에 참여하는 이들을 위해 고려해야 할 것이 그만큼 많아졌다는 얘기다.

방송국 제보자의 초상권 보호, 어디까지가 최선인가

브로커에 의한 실업급여의 부정수령에 관하여 방송국에 제보한 사람이 있었다. 방송국은 그가 방송국에 제보하였다는 것이 브로커 일당에게 노출될까봐 불안해했다는 사실을 알고 있었다. 그럼에도 방송국은 그의 제보내용에 관한 인터뷰 후, 방송 과정에서 음성변조나 모자이크 처리를 충분하게 하지 않음으로써 제보자의 신분이 노출된 사건이 발생하였다. 제보자는 초상권 침해를 이유로 손해배상을 받을 수 있을까? 【의정부지방법원 2011. 10. 20. 선고 2011나6848 판결】

방송국은 제보자의 사전 승낙을 받아 취재 및 방송을 하였고 제보자의 초상권 보호를 위하여 최선을 다하였다고 한다. 그리고는 설령 취재 및 방송으로 인하여 제보자의 초상권이 일부 침해되었다고 하더라도 그 정도가 미약하다는 주장이다.

제보자 극도로 노출 꺼림에도 뒷모습·목소리 그대로

이 사건에서 법원은 모든 국민은 인격권으로서의 초상권을 침해받지 아니할 권리가 있고 언론매체에 대하여 자신의 초상에 관한 방송을 동의한 경우에도 당시 예정한 방법과 달리 또는 방송사의 주의의무를 위반한 상태로 방송된 경우에는 초상권의 침해가 있다고 판단하였다.

그 내용을 살펴보면 해당 취재코너의 방송시간은 총 5분 42초가량 되었고 그 중 제보자가 나오는 부분은 총 33초가량인데, 방송 당시 제보자의 이름은 김모

씨로 처리되었고, 얼굴이 정면과 옆으로 나오는 부분은 머리 부분이 모자이크 처리되었으나 뒤에서 촬영하여 앞모습이 보이지 않을 때에는 모자이크 처리가 되지 않았다. 음성 또한 변조되지 않아서 제보자의 주위사람들이라면 위 방송에 나온 사람이 제보자임을 식별할 수 있었을 정도였다.

즉 제보자는 제보 당시 자신의 신분 노출을 극도로 꺼렸으므로 설령 방송국이 제보자의 사전 승낙을 받아 취재 및 방송을 하였다고 하더라도 기자와 인터뷰하는 장면을 취재하여 방송하는 경우 음성변조나 모자이크 처리를 제대로 하여 제보자의 주위 사람들이나 브로커 일당이 제보자의 얼굴을 알아볼 수 없도록 하여야 할 업무상 주의의무가 있었다. 그럼에도 불구하고 방송 당시 제보자의 음성이 변조되지 않았으며 제보자의 뒷모습이 완전하게 모자이크 처리되지 않는 등 이를 게을리 하였고, 그로 인하여 방송을 본 제보자의 주위사람들이나 위 브로커 일당이 인터뷰 대상이 제보자임을 알아차릴 수 있도록 하였으므로 법원은 방송국이 제보자의 초상권을 침해하였다고 판단하였다.

방송국의 항변에도 초상권 침해는 위법성 인정

법원은 방송국의 주장에 대해서, 취재 및 방송으로 인하여 달성할 공익상 이익이 중대하다고 하더라도 제보자의 초상권을 침해할 필요성이 있었다고 보이지 않을 뿐만 아니라, 음성변조나 모자이크 처리를 한다고 하여 위 취재 및 방송으로 달성할 공익상 이익의 효과가 떨어진다고 보기도 어려운 점, 제보자의 초상권 보호절차를 무시할 정도로 취재 및 방송이 긴급하였다거나 그 방법이 타당하였다고 보기도 어려운 점 등에 비추어 보면, 이익형량을 하더라도 제보자의 초상권을 침해한 행위의 위법성이 인정된다고 판단하였다.

제보에 따른 공익상 이익을 종합해서 위자료 책정

그렇다면 그 손해배상금액은 얼마나 되는지가 문제인데 제보자는 정신적 손해로 인한 위자료 3,000만 원을 청구하였다. 이에 대해 법원은 제보자가 실업급여 부정수급 문제를 국민에게 알리기 위하여 자발적으로 이 사건을 제보하였고 이 사건 취재에 응한 점, 제보로 인하여 실업급여를 부정수급하는 브로커 일당이 일망타진된 점, 그로 인하여 실업급여의 부정수급 문제가 사회적으로 이슈화되어 위 제보가 차후 또 다른 실업급여 부정수급을 방지하는데 기여한 점, 제보자로서는 브로커 일당으로부터 보복을 당할 수도 있다는 불안감을 떨치기 어려웠을 것으로 보이는 점, 제보자가 먼저 방송국에 제보하는 바람에 다른 기관으로부터 포상을 받지 못한 것으로 보이는 점 등 제반 사정을 종합하여 방송국이 제보자에게 배상하여야 할 위자료 액수를 700만 원으로 정하였다.

실정법 위반, 취재행위 보도의 자유로 보호받지 못해

제보자의 제보를 받고 방송국의 기자는 잠입 취재를 통해 브로커 일당을 만나서 그들의 인적사항을 알아냈다. 방송국의 기자는 취재과정에서 실제로 2주에 한 번씩 실업급여를 2회 신청하였으며, 브로커로부터 그 중 1회 신청에 따른 금원 중 일부를 부정수령하는 실정법 위반 행위를 실현하는 취재를 하였다.

그렇다면 이러한 실정법을 위반하는 언론기관의 행위에 대하여 법원은 헌법 제21조의 표현의 자유에는 언론기관의 보도의 자유를 규정하고 있으며, 이러한 보도의 자유에서 보호되는 보도행위는 정보를 수집하는 취재행위와 그 후 반포하는 반포행위를 통하여 완성되는데, 이러한 보도행위의 불가분의 전제이자 구성부분인 취재행위 또한 보도의 자유에 의하여 보호되어야 하나, 언론이 취재과정에서 실정법을 위반하여 취재하거나 타인에게 위법한 행위를 교사 또는 가담하는 경우까지 보호받지는 못한다고 판단하였다.

왜곡된 보도행태, 초상권 침해로부터 자유로울 수 없어

　관련 판결로 방송사가 기획·취재보도 과정에서 관련 없는 대학생들의 여흥장면을 편집·이용, 애꿎은 대학생들의 초상권을 침해한 사건이 있었다. 대학생들은 방송프로그램에 자신들의 여흥장면 및 식사장면이 방송되는 것을 승낙하기는 하였으나 대학생들의 생기발랄하고 즐겁게 노는 신입생 모습을 긍정적으로 방송하겠다는 조건을 붙여 승낙한 것이었다. 물론 기자도 이를 약속하였음에도 불구하고 대학생들을 취재한 장면을 방송함에 있어 신입생 환영회와 관련하여 숨졌다는 모 대학생의 사망 사실과 대학생들의 막걸리 사발식 장면, 현란한 나이트클럽의 무대장면, 유흥가 밀집장면 등을 위 취재장면과 편집하여 '공포의 통과의례' 라는 제목으로 방송한 것이다.

　이 사안에서 법원은 방송을 시청한 일반 사람들로 하여금 해당 대학생들이 마치 퇴폐적인 유흥에 물든 신입생 환영회를 하는 것처럼 인식하게 하였으며, 해당 대학생들의 모습 및 음성을 그대로 방송함으로써 이 사건 방송을 시청한 주위 사람들이 쉽게 알아볼 수 있게 한 과실로 인하여 해당 대학생들의 사생활 자유와 비밀 및 초상권을 침해하였다고 판단하고 기자는 불법행위자로서, 방송사는 그 사용자로서 대학생들의 사생활의 자유와 비밀 및 초상권이 침해됨으로써 입은 정신적 손해를 각자 배상할 책임이 있다고 보았다. 【서울지방법원 1997. 8. 7. 선고 97가합8022 판결】

문화예술저작권 침해
이렇게 대응하라

01 문화예술저작권 침해에 대한 대응

창작만 하는 시대는 갔다.
이제는 저작권에 대한 지식으로
무장해야 하는 시대가 왔다.
저작권법을 모르면 저작권을 침해당한 줄도 몰라
소중한 자신의 창작물을 지킬 수 없거니와
자신도 모르는 사이에 다른 이의
저작권을 침해할 수도 있다는 사실!

저작권이 재산의 개념에서 차지하는 비중이 날로 커지고 있다. 이를 증명이라도 하듯 앞서 여러 판례를 통해 살펴본 것처럼 저작권 침해의 모습이 점차 다양해지는 추세이다.

저작권 침해의 여러 가지 유형

저작권 침해는 크게는 허락을 받지 아니하고 무단으로 저작물을 이용하는 저작재산권의 침해, 공표권, 성명표시권, 동일성유지권 등과 같은 저작인격권 침해 등으로 나눌 수 있다.

저작재산권 침해 | 허락을 받지 아니하거나 허락을 받았다고 하더라도 그 법위를 넘어서 이용하는 것으로서 복제권, 공연권, 공중송신권, 전시권, 배포권, 대여권, 2차적 저작물작성권 침해로 유형화해 볼 수 있다. 유사한 저작물을 제작한 경우 이를 침해로 보기 위해서는 기존 저작물에 의거해 제작되어야 하고 실질적으로 동일한 저작물로 볼 수 있어야 한다. 이는 주관적 요건인 '의거성'과 객관적 요건인 '실질적 유사성'으로 표현할 수 있다.

저작인격권 침해 | 공표권, 성명표시권, 동일성유지권 침해로 유형화할 수 있다. 허락을 받지 않고 저작물을 공표하거나 공표에 관한 조건을 위반한 경우, 저작자의 성명표시를 삭제하거나 다른 이름을 표시하는 경우, 저작물의 내용·형식 또는 제호에 변경을 가하는 경우 등이다.

저작권법 규정 | 저작권법은 제124조(침해로 보는 행위) 제1항의 규정을 통하여 ① 수입 시에 대한민국 내에서 만들어졌더라면 저작권 그 밖에 이 법에 따라 보호되는 권리의 침해로 될 물건을 대한민국 내에서 배포할 목적으로 수입하는 행위, ② 저작권 그 밖에 이 법에 따라 보호되는 권리를 침해하는 행위에 의하여

만들어진 물건(제1호의 수입물건을 포함한다)을 그 사실을 알고 배포할 목적으로 소지하는 행위, ③ 프로그램의 저작권을 침해하여 만들어진 프로그램의 복제물(제1호에 따른 수입물건을 포함한다)을 그 사실을 알면서 취득한 자가 이를 업무상 이용하는 행위는 저작권 그 밖에 이 법에 따라 보호되는 권리의 침해로 간주하고 있다. 또한 제2항에서도 저작자의 명예를 훼손하는 방법으로 저작물을 이용하는 행위는 저작인격권의 침해로 본다는 간주규정이 있다.

민사적 대응

저작권을 침해당한 저작권자는 대부분 침해자에 대하여 더 이상의 침해가 진행되지 못하게 하고 침해한 부분에 대한 손해배상청구를 고려하게 된다. 이때 소송을 제기하는 방법 외에 상대방과 상호 양보를 전제로 조정을 통해 분쟁을 해결하거나 소송 제기 전에 내용증명을 발송해 상대방에게 침해행위를 인식시키고 상호합의하에 침해에 대한 해결방안을 찾을 수도 있다. 또한 인격권 침해에 대해 명예회복을 위한 조치가 필요하거나, 소송을 제기하기 전에 각종 가처분을 통한 보전조치가 필요한 경우도 있다.

내용증명의 활용 | 저작권 침해의 규모나 피해액이 크지 않은 경우에는 소송을 제기할 경제적 실익이 없는 경우가 많다. 이런 경우에는 내용증명에 저작권 침해의 상황과 상대방의 침해행위를 구체적으로 적시하여 상대방에게 알리고 침해의 중지, 손해배상을 요구할 수 있다.

상대방이 인식하지 못하고 침해행위를 하고 있는 경우처럼 합의의 의사가 있을 수 있는 경우에는 절차 비용을 들이지 아니하고 간단히 분쟁을 해결할 수 있다. 또한 분쟁이 공론화되기를 원하지 않는 당사자들의 경우 조용하고 원만하게 일을 해결할 수 있으므로 많이 활용된다.

최근 인터넷에서 저작권 침해의 의심이 있는 행위를 한 사람들을 상대로 법무법인 명의의 내용증명을 무더기로 발송하여 합의를 요구하는 형태가 늘고 있으며, 이러한 합의요구의 행태는 사회적인 문제가 될 정도이다. 이런 일이 생긴 경우에는 당황해서 무조건 합의에 응할 것이 아니라 법률전문가를 통해 저작권 침해에 관한 법률적인 검토를 하고, 대응방안을 찾는 것이 좋다.

가처분, 침해정지청구 | 손해배상청구 소송 같은 본안소송을 제기하기 전에 침해금지가처분이나 사용금지가처분 같은 보전조치를 통해 더 이상의 저작권 침해가 발생하지 않도록 긴급하게 현상을 동결시킨 후 재판을 진행할 필요가 있을 때 가처분을 주로 활용한다.

저작권법 제123조에서는 담보제공 없이도 가처분을 인용할 수 있도록 한 반면, 만약 본안소송에서 권리의 침해가 없다는 뜻의 판결이 확정돼 부당가처분이 된 경우에는 손해를 배상하도록 규정해 놓았다.

저작권 그 밖에 이 법에 따라 보호되는 권리(제25조·제31조·제75조·제76조·제76조의 2·제82조·제83조 및 제83조의 2의 규정에 따른 보상을 받을 권리를 제외한다. 이하 이 조에서 같다)를 가진 자는 그 권리를 침해하는 자에 대하여 침해의 정지를 청구할 수 있으며, 그 권리를 침해할 우려가 있는 자에 대하여 침해의 예방 또는 손해배상의 담보를 청구할 수 있는 침해정지청구권과 침해예방청구권, 손해배상담보청구권을 행사할 수 있다. 이러한 청구를 하는 경우에 침해행위에 의하여 만들어진 물건의 폐기나 그외 필요한 조치를 청구할 수도 있다.

손해배상청구 | 불법행위에 의한 손해배상청구는 민법 제750조를 근거로 하고 고의과실, 위법행위, 손해발생, 인과관계, 손해액까지 모두 배상을 청구하는 자가 입증책임을 지도록 되어 있다. 하지만 저작권 침해에 의한 손해배상의 경우에는 저작권자가 손해배상청구를 간편하게 하도록 하기 위한 특칙들이 있다.

먼저 고의과실에 관하여 저작권법 제125조 제4항에 등록되어 있는 저작권, 배타적발행권(제88조 및 제96조에 따라 준용되는 경우를 포함한다), 출판권, 저작인접권 또는 데이터베이스제작자의 권리를 침해한 자는 그 침해행위에 과실이 있는 것으로 추정한다는 규정을 두고 있다.

손해배상액 산정에 관하여는 저작권법 제125조 제1항에서는 저작재산권 그 밖에 이 법에 따라 보호되는 권리(저작인격권 및 실연자의 인격권을 제외한다)를 가진 자가 고의 또는 과실로 권리를 침해한 자에 대하여 그 침해행위에 의하여 자기가 받은 손해의 배상을 청구하는 경우에 그 권리를 침해한 자가 그 침해행위에 의하여 이익을 받은 때에는 그 이익의 액을 저작재산권자 등이 받은 손해의 액으로 추정한다고 규정하고 있다.

제125조 제2항에서는 저작재산권자 등이 고의 또는 과실로 그 권리를 침해한 자에 대하여 그 침해행위에 의하여 자기가 받은 손해의 배상을 청구하는 경우에 그 권리의 행사로 통상 받을 수 있는 금액에 상당하는 액을 저작재산권자 등이 받은 손해의 액으로 하여 그 손해배상을 청구할 수 있고, 제3항에서는 저작재산권자 등이 받은 손해의 액이 제2항의 규정에 따른 금액을 초과하는 경우에는 그 초과액에 대하여도 손해배상을 청구할 수 있다고 규정하여 손해액 산정에 있어 입증책임을 완화시켰다.

또한 제126조에서는 법원은 손해가 발생한 사실은 인정되나 제125조의 규정에 따른 손해액을 산정하기 어려운 때에는 변론의 취지 및 증거조사의 결과를 참작하여 상당한 손해액을 인정할 수 있다는 보충적인 규정을 두고 있다. 이와 함께 등록 저작물에 관해서는 저작재산권자 등은 고의 또는 과실로 권리를 침해한 자에 대하여 사실심(事實審)의 변론이 종결되기 전에는 실제 손해액이나 제125조 또는 제126조에 따라 정해지는 손해액을 갈음하여 침해된 각 저작물 등마다 1천만 원(영리를 목적으로 고의로 권리를 침해한 경우에는 5천만 원) 이하의 범위에서 변론의 취지와 증거조사의 결과를 고려해 법원이 상당한 손해액을 인정할 수 있도록 법정손해배상제도를 도입했다. 이 또한 손해액 입증의 어려움을 덜어주기 위한 제도이다.

저작인격권 침해에 대해서는 금전적 배상만으로 회복할 수 없는 요소가 포함되어 있다는 점을 감안, 제127조에서 저작자 또는 실연자는 고의 또는 과실로 저작인격권 또는 실연자의 인격권을 침해한 자에 대하여 손해배상에 갈음하거나 손해배상과 함께 명예회복을 위하여 필요한 조치를 청구할 수 있도록 했다.

분쟁조정 | 저작권법 제112조 이하에서는 저작권에 관한 사항을 심의하고 저작권에 관한 분쟁을 알선·조정하며, 저작권의 보호 및 공정한 이용에 필요한 사업을 수행하기 위하여 '한국저작권위원회'를 둔다는 규정과 함께 설립과 구성, 기능과 조정제도를 규정해 놓았다.

조정은 모든 사정을 고려하여 조리에 따라 구체적 타당성이 있는 결론에 이를 수 있고, 당사자 사이의 관계도 판결에 의하는 경우보다 원만해지며, 분쟁해결에 드는 시간과 노력이 줄어들어 경제적이라는 장점이 있다.

저작권 관련 분쟁을 조정에 의해 해결하고자 하는 분쟁 당사자는 신청 취지와 원인을 명확히 밝힌 조정신청서와 조정비용을 위원회에 제출하면 된다. 조정신청서가 접수되면 조정기일을 정하여 출석요구서가 발송된다. 필요한 경우 당사자 또는 이해관계자가 출석하거나 증명서류를 보완·제출할 수 있고 증인, 서증, 검증, 감정 등의 방법으로 증거 조사를 한다. 변호사, 지배인, 법정대리인 기타 법률상 소송대리권이 있는 자를 통해서 진행할 수 있고 비공개로 진행된다.

조정처리기한은 3개월로, 이 기간 안에 제1차 또는 여러 번의 조정기일이 진행된다. 조정기일에서 당사자, 이해관계자의 진술은 서면 또는 구술로 이루어진다. 조정부는 당사자 간의 의견에 더하여 조정안을 제시하고 수락을 권고하게 된다. 당사자 간에 합의된 사항을 조서에 기재하면 조정이 성립되며, 이는 재판상 화해와 동일한 효력이 있다. 따라서 상대방이 합의된 사항을 이행하지 않는 경우에는 별도의 재판절차 없이 강제집행이 가능하다.

형사적 대응

　민사상 합의금을 조속히 지급받기 위해서 형사고소를 활용하는 경우가 많다. 혐의가 상당부분 인정되는 경우에는 저작권 침해죄는 친고죄이므로 수사기관에서도 합의를 종용해 사건을 종결하도록 유도하기도 한다. 그러므로 저작권 침해 행위자에 대한 대응방안으로 형사고소를 적절히 활용하는 것도 민사적 구제에 따른 시간적·경제적 낭비를 줄일 수 있는 방법이 될 수 있다.

　벌칙 | 저작권법은 벌칙의 장에서 ① 5년 이하의 징역 또는 5천만 원 이하의 벌금, ② 3년 이하의 징역 또는 3천만 원 이하의 벌금, ③ 1년 이하의 징역 또는 1천만 원 이하의 벌금, ④ 500만 원 이하의 벌금 등의 네 가지 법정형으로 구분해 각 형사상 처벌에 관하여 규정하고 있다.

　먼저 5년 이하의 징역 또는 5천만 원 이하의 벌금에 처하거나 이를 병과할 수 있는 죄는 저작재산권 등의 침해죄와 비밀유지명령위반죄가 있다.(제136조 제1항) 저작재산권 등의 침해죄는 저작재산권, 그 밖에 이 법에 따라 보호되는 재산적 권리(제93조에 따른 권리는 제외한다.)를 복제, 공연, 공중송신, 전시, 배포, 대여, 2차적 저작물 작성의 방법으로 침해하는 것을 말하고 이는 3년 이하의 징역 또는 3천만 원 이하의 벌금으로 처벌하는 저작인격권침해죄보다 강화된 법정형이다. 그리고 비밀유지명령위반죄는 제129조의 3 제1항에 따른 법원의 비밀유지명령을 정당한 이유 없이 위반한 것을 말한다.

　둘째, 3년 이하의 징역 또는 3천만 원 이하의 벌금에 처하거나 이를 병과할 수 있는 죄는 저작인격권침해죄 등이 있다.(제136조 제2항) 구체적으로 살펴보면 ① 저작권법은 저작인격권 또는 실연자의 인격권을 침해하여 저작자 또는 실연자의 명예를 훼손한 자, ② 제53조 및 제54조(제90조 및 제98조에 따라 준용되는 경우를 포함한다.)에 따른 등록을 거짓으로 한 자, ③ 제93조(데이터베이스

제작자의 권리)에 따라 보호되는 데이터베이스제작자의 권리를 복제·배포·방송 또는 전송의 방법으로 침해한 자, ④ 제103조의 3 제4항(복제·전송자에 관한 정보 제공의 청구)을 위반한 자, ⑤ 업으로 또는 영리를 목적으로 제104조의 2(기술적 보호조치의 무력화 금지) 제1항 또는 제2항을 위반한 자, ⑥ 업으로 또는 영리를 목적으로 제104조의 3(권리관리정보의 제거·변경 등의 금지) 제1항을 위반한 자. 다만, 과실로 저작권 또는 이 법에 따라 보호되는 권리침해를 유발 또는 은닉한다는 사실을 알지 못한 자는 제외한다. ⑦ 제104조의 4(암호화된 방송 신호의 무력화 등의 금지) 제1호 또는 제2호에 해당하는 행위를 한 자, ⑧ 제104조의 5(라벨 위조 등의 금지)를 위반한 자, ⑨ 제104조의 7(방송전 신호의 송신 금지)을 위반한 자, ⑩ 제124조(침해로 보는 행위) 제1항에 따른 침해행위로 보는 행위를 한 자까지 열 가지 종류를 나열하고 있다.

셋째, 1년 이하의 징역 또는 1천만 원 이하의 벌금에 처하는 죄는 부정발행죄 등이 있다.(제137조) 저작권법은 아홉 가지 종류를 열거하고 있고 이와 관련해 제104조의 6(영상저작물 녹화 등의 금지)을 위반한 자는 미수범도 처벌됨을 명시적으로 규정하고 있다. 아홉 가지 종류를 살펴보면 ① 저작자 아닌 자를 저작자로 하여 실명·이명을 표시하여 저작물을 공표한 자, ② 실연자 아닌 자를 실연자로 하여 실명·이명을 표시하여 실연을 공연 또는 공중송신하거나 복제물을 배포한 자, ③ 제14조(저작인격권의 일신전속성) 제2항을 위반한 자, ④ 제104조의 4(암호화된 방송 신호의 무력화 등의 금지) 제3호에 해당하는 행위를 한 자, ⑤ 제104조의 6(영상저작물 녹화 등의 금지)을 위반한 자, ⑥ 제105조(저작권위탁관리업의 허가 등) 제1항에 따른 허가를 받지 아니하고 저작권신탁관리업을 한 자, ⑦ 제124조(침해로 보는 행위) 제2항에 따라 침해행위로 보는 행위를 한 자, ⑧ 자신에게 정당한 권리가 없음을 알면서 고의로 제103조(복제·전송의 중단) 제1항 또는 제3항에 따른 복제·전송의 중단 또는 재개요구를 하여 온라인서비스제공자의 업무를 방해한 자, ⑨ 제55조의 2(비밀유지의무)(제90조 및 제98조에 따라 준용되는 경우를 포함한다)를 위반한 자가 있다.

넷째, 500만 원 이하의 벌금에 처하는 죄는 출처명시위반 등의 죄가 있으며, 다섯 가지 종류가 있다. 내용을 보면 ① 제35조(미술저작물등의 전시 또는 복제)제4항을 위반한 자, ② 제37조(출처의 명시)(제87조 및 제94조에 따라 준용되는 경우를 포함한다)를 위반하여 출처를 명시하지 아니한 자, ③ 제58조(배타적발행권자의 의무)제3항(제63조의 2, 제88조 및 제96조에 따라 준용되는 경우를 포함한다)을 위반하여 저작재산권자의 표지를 하지 아니한 자, ④ 제58조의 2(저작물의 수정증감) 제2항(제63조의 2, 제88조 및 제96조에 따라 준용되는 경우를 포함한다)을 위반하여 저작자에게 알리지 아니한 자, ⑤ 제105조(저작권위탁관리업의 허가 등) 제1항에 따른 신고를 하지 아니하고 저작권대리중개업을 하거나, 제109조(허가의 취소 등) 제2항에 따른 영업의 폐쇄명령을 받고 계속 그 영업을 한 자와 같은 다섯 가지 종류가 있다.

몰수 | 저작권법은 제139조에서 저작권, 그 밖에 이 법에 따라 보호되는 권리를 침해하여 만들어진 복제물과 그 복제물의 제작에 주로 사용된 도구나 재료 중 그 침해자·인쇄자·배포자 또는 공연자의 소유에 속하는 것은 몰수한다고 규정하여 제작도구나 재료까지도 몰수가 가능함을 명시했다.

양벌규정 | 저작권법 제141조에서는 법인의 대표자나 법인 또는 개인의 대리인·사용인 그 밖의 종업원이 그 법인 또는 개인의 업무에 관하여 앞에서 살펴본 저작권법 위반의 죄들을 범한 때에는 행위자를 벌하는 외에 그 법인 또는 개인에 대하여도 각 해당조의 벌금형을 과한다고 규정했다.

다만, 법인 또는 개인이 그 위반행위를 방지하기 위하여 해당 업무에 관하여 상당한 주의와 감독을 게을리하지 아니한 경우에는 그러하지 아니하다고 면책의 가능성도 열어 놓았다.

친고죄 | 저작권법은 앞에서 살펴본 저작권법 위반의 죄들에 대하여 원칙적으로 친고죄로 규정하고 있어 고소가 있어야 공소제기가 가능하고, 고소를 제기하였다고 하더라도 합의를 통해 고소를 취하하면 '공소권 없음'으로 수사를 종결하거나 '공소기각'의 판결을 받게 된다.

다만, 영리를 목적으로 또는 상습적으로 제136조 제1항 제1호, 제136조 제2항 제3호 및 제4호(제124조 제1항 제3호의 경우에는 피해자의 명시적 의사에 반하여 처벌하지 못한다)에 해당하는 행위를 한 경우나 제136조 제2항 제2호 및 제3호의 2부터 제3호의 7까지, 제137조 제1항 제1호부터 제4호까지, 제6호 및 제7호와 제138조 제5호의 경우와 같은 공익침해적 범죄의 경우에는 이에 대한 예외로서 비친고죄로 규정하고 있다.

02 무료 저작권 상담 &
분쟁조정은 이곳에서

저작권 관련 궁금증이나 상담을
무료로 받을 수 있는 곳들이 있다.
필요한 경우에는 분쟁조정, 법정허락 등의
업무까지 하고 있으니 알아두면 도움이 된다.
한국저작권위원회나 콘텐츠분쟁조정위원회도
그 중 하나이다.

한국저작권위원회

　한국저작권위원회는 저작권과 그 밖에 이 법에 따라 보호되는 권리에 관한 사항을 심의하고 저작권에 관한 분쟁을 알선·조정하며, 저작권의 보호 및 공정한 이용에 필요한 사업을 수행하기 위하여 한국저작권위원회를 둔다는 저작권법 제112조 제1항에 근거해 생긴 곳이다. 저작권 상담과 분쟁조정을 비롯해 여러 가지 관련 업무를 하고 있다.

한국저작권위원회의 여러 업무
1. 분쟁의 알선 · 조정
2. 제105조 제6항의 규정에 따른 저작권위탁관리업자의 수수료 및 사용료의 요율 또는 금액에 관한 사항 및 문화체육관광부장관 또는 위원 3인 이상이 공동으로 부의하는 사항의 심의
3. 저작물 등의 이용질서 확립 및 저작물의 공정한 이용 도모를 위한 사업
4. 저작권 보호를 위한 국제협력
5. 저작권 연구 · 교육 및 홍보
6. 저작권 정책의 수립 지원
7. 기술적 보호조치 및 권리관리정보에 관한 정책 수립 지원
8. 저작권 정보제공을 위한 정보관리 시스템 구축 및 운영
9. 저작권의 침해 등에 관한 감정
10. 제133조의 3에 따른 온라인 서비스 제공자에 대한 시정권고 및 문화체육관광부장관에 대한 시정명령 요청
11. 법령에 따라 위원회의 업무로 정하거나 위탁하는 업무
12. 그 밖에 문화체육관광부장관이 위탁하는 업무

　1987년 저작권심의조정위원회로 출범하여 분쟁조정을 주된 업무로 하고 있었으나 업무범위를 확장하면서 명칭을 2007년 저작권위원회로 변경했다. 이후 2009년 컴퓨터프로그램보호위원회와 통합되면서 지금의 한국저작권위원회가 탄생하게 되었다.

　위원회는 위원장 1명, 부위원장 2명을 포함한 20명 이상 25명 이내의 위원으

로 구성하도록 규정되어 있고 위원의 임기는 3년, 연임이 가능하다.

주요업무 중 하나인 상담은 실시간 지능형 자동상담(https://counsel.copyright.or.kr/main.srv)과 전화상담(1800-5455), 서신상담, 방문상담(135-240 서울특별시 강남구 개포로 619(개포동) 서울강남우체국 6~7층 한국저작권위원회), 메일상담(call@copyright.or.kr) 등 여러 가지 형태로 이루어진다.

분쟁조정 업무는 앞서 저작권 침해에 대한 대응방안에서 설명한 바와 같이 한국저작권위원회의 핵심 업무로서 저작권 분쟁을 조정하기 위하여 1인 또는 3인의 위원으로 구성된 조정부를 두고 있는데, 위원 중 1인은 변호사의 자격을 갖추고 있다. 현재 위원회 안에는 위원 3인으로 구성된 합의 7부와 변호사 1인으로 구성된 단독 4부 등 총 11개의 조정부가 구성되어 있다.

또한 경험과 지식이 풍부한 알선위원 1인에 의한 조언과 타협 권유를 통하여 당사자 간의 화해를 유도하는 간이한 분쟁해결제도인 알선제도가 2009년 법 개정 시에 도입되었다. 분쟁에 관한 알선을 받고자 할 때는 알선신청서를 위원회에 제출해 신청하면 된다. 알선이 성립한 때 알선위원이 알선서를 작성해 관계 당사자와 함께 기명날인하는데, 이는 민법상 화해의 효력만 있고 재판상 화해의 효력은 인정되지 않는다.

위원회에서는 법정허락 업무도 수행한다. 법정허락이란 다른 사람의 저작물(또는 실연, 음반, 방송 및 데이터베이스)을 이용하기 위하여 상당한 노력을 기울였음에도 권리자를 알 수 없거나 권리자의 거소를 알 수 없는 경우 또는 특별한 목적으로 저작물을 이용하고자 하였으나 권리자와 협의가 성립되지 않아 이용할 수 없는 경우 저작권법에 의하여 권리자를 대신하여 저작물 이용을 승인하는 것을 말한다.(저작권법 제50조, 제51조, 제52조)

이외에도 위원회가 하고 있는 업무가 다양해 ① 저작자가 창작한 저작물에 관한 일정한 사항과 권리의 변동 등에 대한 사항을 공적 장부에 등재하고 일반 국민에게 공개, 열람하도록 공시하는 저작권 등록 업무, ② 저작자가 자신이 창작한 저작물을 일반 국민들이 이용할 수 있도록 동 저작재산권 등을 기증하고자 할 때 기증신청을 받아 이를 처리하는 업무, ③ 저작권 분쟁이 발생하여 그 침해여부에 대한 전문가적 판단이 필요한 경우에 법원 또는 수사기관 등의 의뢰를 통하여 저작물의 유사 여부 등을 판단하여 그 결과를 제시하는 감정업무, ④ 저작권 침해 범죄에 대한 디지털 증거자료가 법적 증거력을 갖출 수 있도록 논리적으로 표준화된 절차와 방법에 따라 수집·이송·분석·보고하는 일련의 과학수사인 디지털 저작권 포렌식 업무, ⑤ SW 기술정보 등의 거래 시에 개발기업의 저작권 보호와 사용기업의 안정적 사업수행을 보장하기 위해 관련 기술자료 등을 예치해 두는 SW임치업무, ⑥ 특징기반 필터링 기술 업체의 현재 기술 수준을 점검하여 웹하드, P2P 등을 통해 유통되는 불법 콘텐츠를 실효성 있게 차단할 수 있도록 기술수준을 제시하고 평가하는 성능평가업무, ⑦ SW관리에 어려움을 느끼는 기관, 기업을 대상으로 효율적인 SW자산관리가 되도록 개선사항 및 관리방향 등을 무료로 컨설팅하는 SW관리체계컨설팅 업무, ⑧ 오픈소스SW의 사용에 따른 명확한 라이선스 정보 제공 및 라이선스 정책에 위배되는지의 여부를 분석하는 OSS 라이선스 검사(코드아이) 업무, ⑨ 저작권 교육 등을 하고 있다.

콘텐츠분쟁조정위원회

콘텐츠사업자 간, 콘텐츠사업자와 이용자 간, 이용자와 이용자 간의 콘텐츠 거래 또는 이용에 관한 분쟁을 조정하기 위하여 콘텐츠산업진흥법 제29조를 근거로 하여 콘텐츠분쟁조정위원회가 설립되었다.

다만 저작권의 귀속, 감정 등 저작권 및 저작인접권에 관한 분쟁 전반에 관해서는 저작권법에 따르도록 되어 있어 저작권과 관련한 분쟁조정은 한국저작권위원회에서 이루어진다.

콘텐츠분쟁조정위원회에서는 게임제작자와 퍼블리셔 간의 퍼블리싱 계약에 이견이 있는 경우나 콘텐츠 제작, 유통에 있어 계약의 성립 및 해석, 책임 등에 관한 이견이 있는 경우와 같은 분쟁들이 조정대상이다. 콘텐츠분쟁조정위원회의 조정안을 제시받아 5일 이내에 수락하는 경우, 콘텐츠분쟁조정위원회는 조정서를 작성하고 조정서는 법원의 확정판결과 같은 재판상 화해와 동일한 효력을 가진다.

음악, 영상, 게임 등 콘텐츠 거래 및 이용에 관한 상담은 키워드 상담, 자동상담, 온라인상담, 전화상담(1588-2594), 방문상담 등의 형태로 진행하고 있다.

저작권위탁관리업자

저작권자로부터 권리를 위탁받은 저작권 관리단체가 집중적으로 관리하면 저작권자는 자신이 직접 관리하는 것보다 경제적이고 이용자도 권리자 물색에 들어가는 노력을 피할 수 있기 때문에 저작권 집중관리제도가 이용되고 있다. 저작권법은 제105조 이하에서 저작권위탁관리업에 관하여 규정하고 있다.

저작권위탁관리업은 허가 대상인 저작권신탁관리업과 신고 대상인 저작권대리중개업으로 나누어진다. 저작권신탁관리업은 저작재산권자, 배타적발행권자, 출판권자, 저작인접권자 또는 데이터베이스제작자의 권리를 가진 자를 위하여 그 권리를 신탁받아 이를 지속적으로 관리하는 업을 말하며, 저작물 등의 이용과 관련하여 포괄적으로 대리하는 경우를 포함한다. 저작권대리중개업은 저작재산권자, 배타적발행권자, 출판권자, 저작인접권자 또는 데이터베이스제작자의 권리를 가진 자를 위하여 그 권리의 이용에 관한 대리 또는 중개행위를 하는 업을 말한다.

현재 우리나라에는 ① 음악저작물의 공연권, 방송권, 복제권, 전송권 등을 관

리하는 한국음악저작권협회, ② 어문저작물 복제권, 배포권, 전송권, 2차적 저작
물방송권 등을 관리하는 한국문예학술저작권협회, ③ 방송물의 재방송, 비디오
복제 등을 관리하는 한국방송작가협회, ④ 영화 등 시나리오 저작권을 관리하는
한국시나리오작가협회, ⑤ 복사, 전송권을 관리하는 한국복사전송권협회, ⑥ 공
공 디지털문화콘텐츠 저작권을 관리하는 한국콘텐츠진흥원, ⑦ 영화콘텐츠, 비
디오 등의 공연권을 관리하는 한국영상산업협회, ⑧ 뉴스 저작권을 관리하는 한
국언론진흥재단, ⑨ 공공저작권을 관리하는 한국데이터베이스진흥원, ⑩ 음악
실연자의 저작인접권을 관리하는 한국음악실연자연합회, ⑪ 탤런트, 성우 등 실
연자의 저작인접권을 관리하는 한국방송실연자협회, ⑫ 온라인상 음악콘텐츠
저작권을 관리하는 한국음원제작자협회 등이 있다.

03 문화예술저작권의 전망

새로운 매체장르융합이라는
시대적 흐름에 발맞추어
문화예술콘텐츠가 더욱 다양해지고
창작의 기회와 가능성이 넓어졌다.
하지만 어렵게 창작물을 만든다 하더라도
그 창작의 결과가 정당한 대가로
보호되지 못한다면
더 이상의 창작은 존재할 수 없다.

문화예술저작권의 특성 중 하나는 경제적 가치를 넘어서는 인격권

어렵고 까다롭게 느껴질 수 있는 저작권법이지만, 잘 알고 있어야 분쟁을 사전에 막고 만약의 경우에 대처할 수 있다. 누군가가 저작권을 침해하는 경우 이를 방어하는 것도 중요하지만 창작활동 과정에서 누군가의 권리를 침해하지는 않는지 주의깊게 살펴보는 것이 더욱 중요하다.

문화예술저작권의 특징은 단순한 경제적 가치의 문제를 넘어 인격과 명예의 문제로 직결된다는 점이다. 저작권 침해에 대응하는 대부분의 창작자들은 경제적 문제와 더불어 명예의 문제, 즉 인격적 권리를 지키기 위해 법적 대응을 한다고 말한다. 자신의 혼을 담아 창작한 저작물이기에 자신과 하나라고 생각하고 이를 필사적으로 지켜내고자 하는 것이다.

예술저작권의 예민한 문제를 다룬 '솔섬' 사건에서 프랑스 평론가 쟝 사를르 쟝봉은 법정에 제출한 자신의 소견서를 통하여 "예술 작품은 물질적인 단순한 사물이 아닌, 작가 그 자신과 같은 하나의 인격체이다. 작가와 그의 작품은 연결되어 있는 인격체로 반드시 보호 받아야 한다."라는 메시지를 전달하였다.

33가지 분쟁사례를 통해 배우는 문화예술저작권

2장에서 구체적인 문화예술저작권 분쟁사례들을 소개했는데, 이들이 시사하는 바를 통해 어렵게만 느껴지는 문화예술저작권과의 거리를 좁힐 수 있기를 기대한다.

어문저작물 | 어문저작물을 창작하고자 하는 작가나 이미 자신의 어문저작물을 가지고 있는 작가도 최소한 •신문기사도 단순한 사실관계를 전달하는 부분과는 달리 창조적 개성이 드러나는 부분은 저작권이 인정된다는 점, •병원 홈페이지상의 환자 상담내용은 저작물은 아니지만 무단으로 사용하는 경우 불법

행위 책임을 진다는 점, •소설에 등장하는 추상적인 인물의 유형이나 어떤 주제를 다루는 데 있어 전형적으로 수반되는 사건이나 배경 등을 드라마에서 차용한다 해도 저작권 침해가 되지 않는다는 점, •외국의 동화를 번역하여 출판할 수 있는 독점적 번역출판권을 가진 사람은 원저작자의 저작권이 침해당했다고 주장할 수는 없다는 점, •일상생활에서 흔히 쓰이는 표현이고 유사한 표현들이 많이 쓰였던 희곡의 대사라면 창작성을 인정할 수 없다는 점은 알고 이를 창작활동에 잘 활용할 수 있어야 한다.

음악저작물 | 음악저작물을 다루는 관계자들은 •표절 시비와 관련해 법원에서 판단한 별개의 독립된 창작물로 인정받기 위한 기준과 실질적 유사성이 인정되는 경우 2차적 저작물작성권 침해로 손해배상 책임을 지게 된다는 점, •인터넷 서비스를 하기 위해 원곡에 대한 표현형식을 변경하는 것은 동일성유지권 침해에 해당한다는 점, •한국음악저작권협회의 저작물사용계약은 블랭킷 방식을 이용하고 있어 관리저작물의 증감변동과는 무관하게 사용료를 받는 것은 합리적이라는 점, •음악저작물을 영화에 사용하여 제작하는 것을 허락하였다면 음악저작권자는 영화관이나 그 부대시설에서 영화를 상영하거나 영화에 삽입된 음반을 이용 허락을 받지 아니하고 재생하였다고 하더라도 음악저작권자의 공연권을 침해한 것은 아니라는 점, •백화점 사업자가 판매용 음반을 스트리밍 파일 재생의 방법으로 매장 내에서 트는 경우에는 공연보상금을 지급하여야 한다는 점을 잘 알고 대처하여야 할 것이다.

연극저작물 | •뮤지컬은 결합저작물로서 제작자는 자신이 창작적으로 기여한 바가 없다면 뮤지컬에 독자적인 저작권을 주장할 수 없고 오히려 대본을 작성한 희곡작가와 악곡을 작성한 작곡가가 저작권자라는 점, •저작자의 허락 없이 뮤지컬을 녹화한 후 인터넷 홈페이지에 올려놓아 홈페이지에 접속한 사람들로 하여금 뮤지컬을 시청할 수 있도록 하였다면 방송기준에 따라 손해배상을 하

여야 한다는 점, •공동저작물인 연극대본을 만드는데 연극초벌대본을 집필하여 참여한 자가 다른 공동저작권자의 동의 없이 뮤지컬 대본으로 사용한 경우에는 이익분배의무는 있을지언정 형사처벌의 대상은 아니라는 점을 명확히 알고 있어야 한다.

미술저작물 | 미술저작물과 관련해서는 •미술저작물이 사용된 옷을 입은 모델을 촬영한 사진과 같이 미술저작물이 간접적, 부수적으로 촬영된 경우에 실질적 유사성을 인정할 수 없는 별개의 독립 저작물로 볼 수 있다면 저작권 침해가 될 수 없다는 점, •캐릭터 제작자가 저작인격권을 갖는다고 하더라도 캐릭터 주문자 측이 수정요구까지 할 수 있다는 제작계약을 체결하였다면 캐릭터의 일부 수정변경은 동일성유지권 침해가 아니라는 점, •근로계약이나 근무규칙으로 특별히 정한 바가 없다면 업무상저작물의 저작자는 원칙상 법인이라는 점, •서체도안은 저작물성을 인정하기 어렵지만 컴퓨터 프로그램 저작물에는 해당하기 때문에 타인의 컴퓨터 서체디자인으로 상품을 제작하는 경우에는 저작권 침해가 성립한다는 점, •제호는 저작물로서 보호받을 수 없고 시각적 캐릭터의 경우에는 창조적 개성이 드러난 경우에는 저작권법의 보호대상이 된다는 점이 중요하다.

건축저작물 | •건축저작물은 기능적저작물로서 표현상의 제약이 많아 작성자의 창조적 개성이 드러나지 않을 가능성이 높다는 점이 있지만 저작물인 펜션 건축물과 그 외관이 유사한 건축물을 설계시공하고 펜션 영업에 이용한 경우라면 손해배상책임이 있다는 점은 건축저작물에서 반드시 알아야 할 쟁점이다.

사진저작물 | •사진저작물에 있어서는 수술장면 및 환자의 환부모습과 치료경과를 촬영한 사진들은 피사체를 충실히 복제하는 것이 목적이므로 개성과 창조성을 인정하기 어렵고, •솔섬과 같은 자연을 피사체로 촬영한 예술 사진의

경우 자연경관은 만인에게 공유되는 창작적 소재로서 전체적인 콘셉트나 느낌
은 저작권의 보호대상이 되지 않는다는 1심 판결이 있었다는 점을 인식할 필요
가 있다.

영상저작물 | • 영상저작물에 있어 공동저작권자의 동의 없이 공동저작물의
지분 일부를 양도하는 경우 이는 효력이 인정되지 않는다는 점, • 공유형 웹스
토리지 서비스 제공자들은 불법 복제 영화 파일에 의한 저작권 침해에 대해 방
조책임을 부담한다는 점이 핵심이고, • 편집저작물에 있어서 여행책자의 경우
에는 그 특성상 편집구성 부분만 창작성을 인정받을 수 있는 여지가 있다는 점,
• 인터넷 홈페이지도 그 구성형식, 소재의 선택이나 배열에 있어 창작성이 있는
경우에는 편집저작물로 인정받을 수 있다는 점이 중요하다.

기타 | • 손바닥과 손등의 그림을 놓고 손의 각 부분에 수지침 위치를 표시한
그림은 도형저작물로 인정될 수 없고, • 식당의 인테리어 설계도 및 디자인은
이용된 건축물인 점포와 구분되어 인식되는 것이므로 건축저작물에는 해당하
지 아니하고 설계도는 도형저작물, 디자인은 응용미술저작물에 해당한다는 점
은 도형저작물의 주요쟁점이다.

• 게임프로그램 개발과 관련한 법적 분쟁이 발생한 경우에 전체 프로그램의
일부로서 독립하여 기능할 수 있는 하위 프로그램도 컴퓨터프로그램보호법에
의해 보호되는 컴퓨터프로그램저작물에 해당한다는 점, • 불법 프로그램 복제
물이 등록되고 이용자들이 이를 조회 및 다운로드하였다고 하더라도 홈페이지
운영자는 저작권 침해의 책임은 없으나 직접적인 침해행위와 동일하게 평가할
수 있을 만한 특별한 사정이 있는 경우에는 홈페이지 운영자도 그 책임을 인정
할 수 있는 여지가 있다는 점은 컴퓨터프로그램 저작물에서 반드시 챙겨야 할
상식들이다.

• 연예인은 퍼블리시티권을 가지고 있어 고객 흡입력을 가지는 사진을 사용

하는 경우, 연예인 얼굴을 형상화한 캐릭터를 만드는 경우, 개그맨의 개그코너 유행어와 연기구성을 동일하게 구성한 이벤트 홍보를 하는 경우에는 퍼블리시티권 침해가 된다는 사실, •방송국에 제보한 내용에 관하여 기자가 취재한 후 방송하는 과정에서 방송국이 음성변조나 모자이크 처리를 충분히 하지 않음으로써 제보자의 신분이 노출되게 하면 초상권을 침해하게 된다는 사실을 잊어서는 안 될 것이다.

매체장르융합의 시대, 첨예해지는 저작권 분쟁… 나눔의 자세도 필요하다

새로운 매체장르융합이라는 시대적 흐름에 발맞추어 문화예술콘텐츠가 더욱 다양해지고 창작의 기회와 가능성이 넓어졌다. 반면 자신도 모르는 사이에 다른 사람의 저작권을 침해하거나 침해당할 위험도 곳곳에 도사리고 있다. 어렵게 창작물을 만든다 하더라도 그 창작의 결과가 정당한 대가로 보호되지 못한다면 더 이상의 창작은 존재할 수 없다.

그동안 문화예술저작권 분쟁은 날이 갈수록 첨예해지는 현실 속에서도 저작권에 대해 무관심하고, 무지한 문화예술인들이 많았던 것이 사실이다. 하지만 최근 문화예술저작권에 대한 관심이 그 어느 때보다도 높아졌다.

한편 저작권 관련 분쟁이 급증하면서 문화예술계에 매우 삭막한 분위기가 조성된 것도 간과할 수 없는 부분이다. 저작권 분쟁이 첨예한 시점에서 최근 한 사진작가는 60점이 넘는 자신의 사진작품을 문화체육관광부에 기증해 눈길을 끌었고, 지자체나 단체 등에서 무료서체를 개발해 보급하는 경우도 늘고 있다. 말한 것처럼 한국저작권위원회에서는 저작권법 제135조 제1항에 따른 저작재산권자의 권리를 기증받는 업무도 하고 있다. 저작재산권자가 자신의 권리를 많은 사람들이 이용할 수 있도록 문화체육관광부장관에게 기증하는 경우 사회적 나눔이 가능해, 새로운 문화예술을 위한 씨앗으로 재탄생하게 될 것이다.

• • • 이 책에 소개된 판례

대구지방법원 2008. 7. 31.자 2008카합286 결정
대법원 1992. 12. 24. 선고 92다31309 판결
대법원 1996. 8. 23. 선고 94누5632 판결
대법원 1996. 8. 23. 선고 96다273 판결
대법원 2000. 10. 24. 선고 99다10813 판결
대법원 2005. 10. 4. 자 2004마639 결정
대법원 2005. 8. 25. 선고 2005다22770 판결
대법원 2006. 12. 8. 선고 2005도3130 판결
대법원 2007. 3. 29. 선고 2005다44138 판결
대법원 2009. 1. 30. 선고 2008도29 판결
대법원 2010. 12. 23. 선고 2008다44542 판결
대법원 2011. 2. 10. 선고 2009도291 판결
대법원 2013. 8. 22. 선고 2011도3599 판결
대법원 2001. 5. 15. 선고 98도732 판결
대법원 2006. 9. 14. 선고 2004도5350 판결
서울고등법원 2002. 10. 15. 선고 2002나986 판결
서울고등법원 2006. 11. 14. 자 2006라503 결정
서울고등법원 2007. 5. 22. 선고 2006나47785 판결
서울고등법원 2008. 7. 22. 선고 2007나67809 판결
서울고등법원 2010. 1. 14. 선고 2009나4116 판결
서울고등법원 2010. 9. 9. 선고 2009나53224 판결
서울고등법원 2012. 10. 18. 선고 2011나103375 판결
서울고등법원 2013. 1. 16. 선고 2012나57455 판결
서울고등법원 2013. 11. 28. 선고 2013나2007545 판결
서울고등법원 2006. 11. 29. 선고 2006나2355 판결
서울고등법원 2008. 9. 23. 선고 2007나70720 판결
서울남부지방법원 2012. 7. 6. 선고 2012고정565 판결
서울동부지방법원 2006. 12. 21. 선고 2006가합6780 판결
서울서부지방법원 2012. 8. 23. 선고 2012노260 판결
서울중앙지방법원 2005. 9. 27. 선고 2004가단235324 판결
서울중앙지방법원 2006. 4. 21. 선고 2003가합95465 판결
서울중앙지방법원 2006. 7. 12. 선고 2006가합14405 판결

서울중앙지방법원 2007. 1. 19. 선고 2006가단250396 판결
서울중앙지방법원 2007. 6. 21. 선고 2007가합16095 판결
서울중앙지방법원 2007. 7. 13. 선고 2006나16757 판결
서울중앙지방법원 2008. 10. 9. 선고 2006가합83852 판결
서울중앙지방법원 2008. 6. 11. 선고 2007가합62777 판결
서울중앙지방법원 2008. 8. 5. 자 2008카합968 결정
서울중앙지방법원 2010. 1. 13. 자 2009카합3104 결정
서울중앙지방법원 2010. 2. 12. 선고 2009가합33025 판결
서울중앙지방법원 2011. 8. 24. 선고 2011가합17576 판결
서울중앙지방법원 2012. 2. 10. 선고 2011가합70768 판결
서울중앙지방법원 2012. 6. 13. 선고 2013가합2363 판결
서울중앙지방법원 2013. 4. 12. 결정 2012카합2485 결정
서울중앙지방법원 2013. 9. 6. 선고 2013가합23179 판결
서울중앙지방법원 2013. 5. 23 선고 2012가합512054 판결
서울중앙지방법원 2014. 3. 27. 선고 2013가합527718 판결
서울중앙지방법원 2013. 9. 13. 선고 2013가합7344 판결
서울지방법원 1997. 8. 7. 선고 97가합8022 판결
서울지방법원 1999. 12. 3. 선고 98가합111554 판결
서울지방법원 2003. 8. 19. 자 2003카합1713 결정
의정부지방법원 2011. 10. 20. 선고 2011나6848 판결
Rogers v. Koons 1992
Temple Island Collections Ltd. v New English Teas Ltd. 2012

••• 참고문헌

송영식·이상정·김병일(2011), 지적재산법, 세창출판사
이규호·카토키미히토·카타오카토모유키·허중혁(2011), 엔터테인먼트법의 최신쟁점, 진원사
이해완(2012), 저작권법, 박영사
장주영(2012), 미국저작권판례, 육법사
조용순(2008), 문화콘텐츠와 저작권, 전략과문화
한국저작권위원회(2009), 개정 저작권법에 따른 저작권 상담사례 100
홍승기(2004), 엔터테인먼트와 저작권, 저작권심의조정위원회